EDUCAÇÃO, ESCOLA E DOCÊNCIA

novos tempos, novas atitudes

EDITORA AFILIADA

Dados Internacionais de Catalogação na Publicação (CIP)
(Câmara Brasileira do Livro, SP, Brasil)

Cortella, Mario Sergio
Educação, escola e docência : novos tempos, novas atitudes / Mario Sergio Cortella. – São Paulo : Cortez, 2014.

ISBN 978-85-249-2192-6

1. Aprendizagem 2. Educação 3. Educadores 4. Ensino – Finalidades e objetivos 5. Prática pedagógica I. Título.

14-03258 CDD-370.71

Índices para catálogo sistemático:

1. Docência : Aprendizagem : Educação 370.71

Mario Sergio Cortella

EDUCAÇÃO, ESCOLA E DOCÊNCIA

novos tempos, novas atitudes

1ª edição
13ª reimpressão

EDUCAÇÃO, ESCOLA E DOCÊNCIA: novos tempos, novas atitudes
Mario Sergio Cortella

Edição para o autor: Janete Leão Ferraz e Paulo Jebaili

Capa: aeroestúdio
Preparação de originais: Ana Paula Luccisano
Revisão: Marcia Nunes
Composição: Linea Editora Ltda.
Coordenação editorial: Danilo A. Q. Morales

Direitos para esta edição
CORTEZ EDITORA
Rua Monte Alegre, 1074 – Perdizes
05014-001 – São Paulo – SP
Tel. (11) 3864-0111 Fax: (11) 3864-4290
E-mail: cortez@cortezeditora.com.br
www.cortezeditora.com.br

Impresso no Brasil – novembro de 2023

"O QUE SOBRA
É A OBRA,
O RESTO
SOÇOBRA!"

Lêdo Ivo

SUMÁRIO

INTRODUÇÃO

A emergência de múltiplos paradigmas

A palavra "emergência" tem de aparecer para nós, educadoras e educadores, em dois sentidos fundamentais. Emergir no sentido de "vir à tona" e, ao mesmo tempo, emergência entendida como uma situação de rapidez, já que hoje existe outro jeito de se pensar e fazer nos diversos temas ligados à Educação.

Na nossa área, o vocábulo "paradigma" vem sendo muito usado sem se ter muita clareza do seu sentido original. Esta palavra tem dois termos de origem grega: o primeiro é *para*, que significa "ao lado", e o outro é *digma*, que também quer dizer "mostrar". Portanto, paradigma é "mostrar ao lado", isto é, indicar o exemplo, o modo de fazer, o modelo.

Quando falamos da emergência de múltiplos paradigmas, é sinal de que precisamos rever, olhar de outro jeito e alterar o modo como fazemos e pensamos as coisas, como refletimos sobre a nossa prática dentro da Educação.

Não é incomum ouvirmos a frase: "Ah, os alunos de hoje não são mais os mesmos". Quando alguém diz isso, está demonstrando sanidade mental. É claro que os alunos de hoje não são mais os mesmos. Mas essa expressão pode indicar uma certa distorção pedagógica. Afinal, alguém diz isso e, ainda assim, continua dando aula do mesmo jeito que dava há dez ou quinze anos? Se os alunos não são mais os mesmos, se o mundo não é mais o mesmo, como fazer do mesmo modo? Há alguns aspectos na área da Educação que precisam ter uma durabilidade maior, mas há algo de que não podemos esquecer: a importância de olhar a realidade, porque, afinal de contas, a Educação lida com o futuro.

Uma analogia cabível é com o automóvel, em que o retrovisor é sempre menor que o para-brisa. Claro! Porque passado é referência, não é direção. Nosso horizonte, que é o que o para-brisa mostra, é o futuro. E ele é maior, mais amplo do que o que temos no retrovisor. Algumas pessoas, na condução do "veículo Educação", vez ou outra, têm um para-brisa menor do que o retrovisor, e o tempo todo miram o passado, imaginam que a resposta está em outro tempo. Às vezes, ela pode estar mesmo lá, desde que de lá se traga aquilo que é tradicional, o que precisa ser preservado, protegido, levado adiante. Contudo, muitas vezes, no nosso passado, o que encontramos é o arcaico, aquilo que tem de ser superado, deixado de lado, abandonado.

Com a emergência de múltiplos paradigmas, precisamos lembrar que estamos vivendo, hoje, na Educação — não só nela, mas também nela —, momentos graves, em que há um certo desnorteamento, uma alteração rápida das situações do nosso dia a dia, uma mudança muito veloz na maneira como as coisas são feitas, pensadas e comunicadas. Também o adensamento exagerado das pessoas nas metrópoles levou ao esvaimento e até à extinção de alguns valores que eram fortes em outros momentos da nossa história e que precisam ser resgatados.

Esses momentos graves significam, como sempre na história humana, a possibilidade de momentos grávidos. Sim, momentos graves são também momentos grávidos! Afinal de contas, toda situação grave contém uma gravidez, ou seja, a possibilidade de dar à luz uma nova situação. Só que, em Educação, muita gente enxerga só a gravidade do momento e não vê a gravidez que ele contém. E passa boa parte do tempo dizendo: "Eu queria voltar ao passado se pudesse", "no meu tempo...", recorrendo, portanto, a uma nostalgia muito negativa em relação àquilo que podemos, de fato, fazer em Educação.

Há pessoas que nem sequer enxergam a gravidade do momento, quanto mais a gravidez que ele contém. Há outros que só enxergam a gravidez e perdem um pouco da base, da possibilidade de fazer algo que seja sólido e perene. E muitos desses correm o risco de cair não no novo, mas na novidade, isto é, passar o tempo atrás de novas coisas que estão aparecendo, sem um fundamento mais sólido e menos precário.

Estamos impregnados de futuro em nosso trabalho, seja porque o objetivo dele tem que ser a edificação de uma nova realidade, seja porque nossos alunos estão imbuídos de futuro: eles são, também, futuro. Nesse sentido, o estar impregnado tem uma significação como se a palavra fosse "emprenhado", portanto, grávido.

Juntam-se, então, tanto a ideia do poeta russo Vladimir Maiakovski — de que o futuro deva ser desatado — quanto a de estarmos grávidos de um futuro ao qual daremos à luz.

Independentemente de nossa consciência ou vontade, o futuro está sendo gestado e parido o tempo todo por todos nós, educadores profissionais ou não. Porém, se o quisermos de forma que seja um Futuro que proteja a Vida Coletiva e eleve e honre nossa dedicação profissional, precisamos repensar e refazer nossas práticas, isto é, nos novos tempos, novas atitudes!

CAPÍTULO 1

Entre a cautela e o ímpeto: escola em descompasso

Minha reflexão não se dirige para a constatação da "inexorável passagem do tempo", mas sim para uma análise de como algumas concepções sobre a noção de tempo em Educação condicionam as práticas e, no limite, governam parte das intenções dos educadores.

Penso, entretanto, que esse agir a partir do hoje nos mostra o quanto é difícil — mas não impossível — manter um equilíbrio na distância entre a cautela e o ímpeto.

De um lado, o fato de a Educação Escolar, na intenção de fazer um futuro coletivo melhor, constituir-se em espaço de práticas múltiplas, com múltiplas determinações e sob múltiplas formas de controle, pode nos colocar em um estado de cautela tal que nos provoque a imobilização. Por outro, a urgência das mudanças, a precariedade atual do trabalho educativo e a inconformidade resultante dessa situação podem nos induzir a um ímpeto tal que inviabilize a realização das possibilidades.

Por isso, o alcance da necessária harmonia entre uma salutar cautela e um eficiente ímpeto não se origina nem do uso exclusivo de uma interpretação pessoal de cada educador — interpretação sujeita a desvios e equívocos, por situar-se entre outras práticas —, nem da desconsideração apressada dos condicionamentos concretos que preenchem a Educação Escolar.

Convém fazer uma ressalva: existem tipos diferentes de cautela. Frente a momentos graves, uma das reações mais comuns e equivocadas é a pessoa imaginar que basta ficar quieta no canto dela que as coisas acontecerão. Eu costumo chamar isso de cautela imobilizadora. Diante de qualquer situação é preciso ter cautela, mas existe um tipo de cautela que imobiliza. É aquele em que a pessoa acha que se não alterar o que fazia, se esperar mais um pouco, as coisas continuarão do jeito que estavam, ou seja, do modo confortável que já foram.

Na área de Educação, nós mudamos com processos — processos de vida, processos humanos, processos de conhecimento. Os processos são sempre mudança, aliás, essa é a natureza processual de qualquer coisa. Fernando Pessoa, grande escritor e pensador português, dizia, logo no início do século XX: "Na véspera de não partir nunca, ao menos não há que se arrumar malas".

Muitas pessoas, tendo em vista a obrigação de ter de se arrumar, ter de se mexer, ter de alterar o modo como fazem e pensam as coisas, supõem que a partida talvez ainda possa ser adiada; que a hora de mudar possa ser deixada para outro momento. Esta *cautela imobilizadora* é extremamente negativa, porque a pessoa continua do jeito que estava quando tudo à sua volta exige uma alteração. Não se trata de mudar tudo, mas mudar o que precisa ser mudado. E mudar o que precisa ser mudado exige uma atitude, que é ter cautela, isto é, de não fazer as coisas de maneira atabalhoada, destituída de critérios.

Ter cautela requer paciência, como dizia Paulo Freire: a paciência histórica, a pedagógica e a afetiva. Ele insistia muito nisso. E todas elas são bem diferentes de cautela imobilizadora.

Paciência histórica é saber ver o momento em que as coisas acontecem e observar se estão suficientemente maduras para poderem ser mexidas. Há uma frase muito comum (quem é do interior sabe disso) que diz: "é muito perigoso ter razão antes da hora". Paciência histórica é a capacidade de perceber que as coisas têm um momento. Aliás, Paulo Freire diz algo fundamental: "Se você não fizer hoje o que hoje pode ser feito, e tentar fazer hoje o que hoje não pode ser feito, dificilmente fará amanhã o que hoje deixou de fazer, porque as condições se alteram". Paciência histórica é a percepção do momento adequado em que as coisas podem ser alteradas.

Paciência pedagógica significa a capacidade de observar que as pessoas têm processos distintos de aprendizagem e de ensino, que os alunos, os colegas de profissão vivem momentos diferentes. É necessário que haja uma maturação na possibilidade de permuta de informação e conhecimento. E *paciência afetiva* é a capacidade de amorosidade que precisa o tempo todo cobrir qualquer ato pedagógico, de maneira que não se incorra na agressividade ou na ruptura do padrão de autonomia e liberdade que alguém carrega. Paciência afetiva é olhar a outra pessoa como outra pessoa e não como alguém estranho.

Se nós juntamos essas três formas de paciência e pensamos o que significa cautela imobilizadora, passamos a outro patamar. A cautela é aquela que nos permite refletir, pensar nossas práticas antes de alterarmos as coisas. "A prática de pensar a prática é a única maneira de pensar certo", dizia Paulo Freire. A cautela é a capacidade de observar, de refletir, de conversar, de dialogar, de trocar ideias com outras pessoas. Mas, insisto, essa cautela não pode, frente aos momentos graves, imobilizar, como se fosse: “Espere, eu vou aguardar um pouco, quem sabe muda a direção, muda o governo, muda o tipo de aluno e eu posso continuar fazendo do jeito que já fazia”.

Em alguns casos, pode ser até válido trazer algumas coisas feitas em outros tempos. Mas, se aquilo que nós sempre fizemos antes continuasse dando certo agora, não teríamos tantas situações graves na área de Educação. Para dissecar a gravidade e tirar dali a gravidez contida, é preciso que a cautela seja reflexiva e não paralisante.

Há pessoas, inclusive, que fazem um mal muito grande a colegas mais novos de idade. Muitos usam o tempo em Educação como ameaça àquele que é mais novo. Alguém acabou de sair de uma universidade, de um curso, entrou na atividade cheio de ideias, quer fazer reuniões, fazer projetos e aí aparece um que fala: “Calma, isso aí é só fogo de palha, com o tempo você acostuma. Fique aí, deixa que você vai ver; é só com a idade que você vai aprender”. Essa posição não é nem conservadora, ela é profundamente reacionária, pois faz voltar a tempos piores ainda, e é muito comum por parte daqueles que têm uma cautela imobilizadora.

Tão arriscado quanto a cautela imobilizadora é o *ímpeto inconsequente*, que acontece quando alguém sem refletir, sem pensar, sem dialogar, parte para a ação absolutamente desestruturada. Um nome que se dá também a isso é ativismo.

Um alpinista precisa fazer escaladas com segurança. Como ele procede? Crava um apoio e, só quando está firme, parte para o segundo ponto e sobe mais um pouco. Ele não deixa de subir, tem ímpeto, coragem. Aliás, Educação também exige coragem, o que é bem diferente de insanidade.

Outro exemplo: o soldado do Corpo de Bombeiros, numa situação de risco, de sinistro, faz o contrário do que nós gostaríamos de fazer. Em face de uma situação de incêndio com risco de desabamento, nosso impulso é sair correndo daquele local. Já a prioridade de um bombeiro é chegar mais rapidamente ao lugar de onde queremos sair. Pois bem, quando um bombeiro chega a um incêndio, em que se sabe que há pessoas ali dentro, a situação é grave. Ele precisa transformar aquilo em uma coisa grávida, ou seja, ter a capacidade de buscar algo positivo de uma situação potencialmente negativa.

Durante essa missão, o bombeiro precisa ter cautela para entrar ali, sem ser atingido pelos riscos que o cercam. Mas ele também necessita ter ímpeto para fazer o que precisa ser feito. Já imaginou um soldado do Corpo de Bombeiros com cautela imobilizadora? "Quem sabe se eu ficar aqui, agora, isso não vai me atingir", "quem sabe chove e isso apaga sozinho", "eu tenho 30 anos de experiência, conheço esse tipo de incêndio"... Ou outro que, com ímpeto inconsequente, vai entrando, sem a proteção adequada, sem avaliar os riscos?

O que é necessário para alguém que lida com vidas humanas? Ter cautela para não perecer e ímpeto para não paralisar. O mesmo é demandado de um educador ou de uma educadora. Em situações de mudança, é preciso equilibrar a cautela e o ímpeto. O risco de um ímpeto inconsequente — quando ações não são planejadas, organizadas coletivamente — é de se obter um efeito não desejado ou, pior ainda, de desmoralizar aquela ação e fazer com que as pessoas fiquem refratárias a qualquer outro tipo de mudança.

Hoje, pelas mudanças cada vez mais velozes no nosso dia a dia, nas quais a nossa memória se torna fugaz e a nossa história se torna rápida, é preciso buscar outro jeito de construir a Educação.

Reiterο: momentos graves são também momentos grávidos. Para lidar com a gravidez que esse momento contém, nós temos necessidade de olhar o que nos cerca. Qual a novidade dos tempos em que nós vivemos? A novidade não é que as coisas estão mudando, isso é óbvio. Aliás, as coisas sempre mudaram. A novidade não é a mudança do mundo, a novidade é a velocidade da mudança.

A Escola, de maneira geral, é resistente a mudanças aceleradas, pois ela atua com a noção de gerações; qualquer alteração nas razões e nos fazeres demora mais do que em outras instâncias sociais, pois as pessoas nela permanecem por muito tempo sem que a estrutura seja avaliada continuamente. É uma organização na qual os sujeitos clientes são avaliados, mas os sujeitos agentes não o são e, desse modo, os paradigmas envelhecem com mais velocidade e frequência.

A cada dia, temos mais velocidade de comunicação, das relações, de mudanças de cenário, de conhecimento, de aprendizado. Esta alteração nos obriga a perceber as mudanças que estão ocorrendo, de maneira a reorientar o nosso processo de trabalho. Aliás, também na forma como os alunos chegam até nós.

Por exemplo, gosto sempre de lembrar: hoje, um menino ou uma menina que entrou no primeiro ano do Ensino Fundamental, com 6 anos de idade, para ser formalmente alfabetizado por nós, antes de colocar o pezinho na sala de aula, já assistiu a 5 mil horas de televisão. Calcula-se que uma criança assista, em média, a três horas de televisão por dia a partir dos 2 anos de idade. Aos 6 anos, ela assistiu ao noticiário, ao programa científico, viu propagandas, novela, assistiu a filmes de violência ou de ficção ou pornográficos. Aí, no primeiro dia de aula, após 5 mil horas de televisão, senta na nossa frente e nós começamos a aula dizendo assim: "A pata nada". Quase as crianças se levantam e dizem: "Leve-me ao seu líder". Porque parece uma coisa diferente, de outro mundo.

"A pata nada" serviu para escolarizar outras pessoas em outros tempos, e os tempos de agora são outros e as pessoas também!

Frente a isso, muita gente olha e diz: "Não tem jeito, não há como, nós não vamos acompanhar essa mudança. Essa criançada não tem mais jeito, essa meninada está de um jeito que a gente não controla mais".

Consequência? Recusa de muitas e muitos em mudar os caminhos pedagógicos, e essa atitude não se restringe aos primeiros passos escolares. Em vez de raízes que do passado nos alimentam, âncoras que lá nos acorrentam.

O acorrentamento é tamanho que nem a "dúvida", geradora em muitos momentos de vitalidade inovadora, é acolhida, por ser perturbadora da ordem já conhecida. Exemplo? Nós, professores e professoras, eventualmente traumatizamos os alunos com a questão da dúvida. A docente, ao explicar a teoria elaborada por Isaac Newton, na aula de Física, dizia: "Atenção, classe! Os corpos se atraem na razão direta das suas massas e na razão inversa do quadrado da distância entre elas. Alguma dúvida?".

Quando éramos alunos, nós ficávamos todos quietinhos, imaginando que ter dúvida era algo feio, assim como ter piolho ou algo parecido.

Vez ou outra, um colega levantava a mão e o criticávamos por isso, como se ele fosse tonto por ter dúvidas, quando tonto é quem não as tem.

Quando o aluno dizia para a professora que não havia entendido, ela dizia:

— Não entendeu o quê?

— A explicação!

A professora perguntava:

— Qual parte?

O aluno dizia:

— Toda ela, professora!

E o que a professora fazia? Em vez de explicar de outra maneira, lançava mão do velho paradigma: repetia as mesmas palavras, dando uma entonação maior aos vocábulos:

— Vou explicar: Os-corpos-se-atraem...

Por que ela fazia isso? Porque foi dessa forma que lhe ensinaram, e assim foi feito durante 20, 30 anos. Se se propuser a ela que mude o paradigma, ela provavelmente dirá: “Não, pode deixar, sei o que faço”. Ou ficará com pânico. Nessa hora, ela não consegue transformar momentos graves em momentos grávidos, isto é, nos quais se possa dar à luz uma situação melhor.

CAPÍTULO 2

E quanto a nós, docentes?

Ao pensar na Educação no século XXI, uma encrenca muito séria se anuncia. Algumas Escolas, alguns educadores, vez ou outra, nos deixamos levar por uma armadilha: achamos que já sabemos, que já conhecemos, que a melhor maneira de fazer é como já fazíamos. E deixamos de lado algo que nos alerta. Arrogância é um elemento muito perigoso em Educação. Nossa área é muito complexa para que achemos que ela possa ser simplificada.

Conhece professor arrogante? Sabe gente que acha que já sabe, que já conhece, que não precisa mais aprender? Gente arrogante costuma dizer o seguinte: "Existem dois modos de fazer as coisas, o meu e o errado, você escolha". Gente arrogante não tem dúvida. Cuidado com gente que não tem dúvida. Gente que não tem dúvida não inova, não cresce, não avança, só repete. Gente que não tem dúvida é incapaz de fazer o novo. É gente que cai no risco de repetir o velho.

Por isso, cuidado com professor velho. Não se confunda idoso com velho; idoso é quem tem bastante idade, enquanto velho é quem acha que já está pronto e não precisa ou não conseguirá mais mudar.

Há colegas com mais de 60 anos de idade que não envelheceram, enquanto alguns, em meados da carreira, já estão vetustos.

O docente velho tem uma característica: passa o tempo todo tentando mostrar que algo não vai dar certo, em vez de usar o mesmo tempo para que aquilo dê certo. Aliás, professor velho, de maneira geral, é pessimista. E o pessimismo é o refúgio de quem não quer ter muito trabalho.

Afinal de contas, o pessimista tem duas "vantagens" sobre o otimista: ele não precisa fazer esforço algum, a única coisa que tem de fazer é sentar e esperar dar errado e, consequentemente, também quase não tem cansaço. O otimista, por sua vez, tem uma "desvantagem": ele tem de levantar, ir atrás, se juntar, ir para a atividade no sábado de manhã, ir para o encontro, estudar, participar de um seminário.

Aliás, o professor velho e a professora velha, assim como o aluno velho e a aluna velha, colidem com uma importante regra da Ordem dos Beneditinos, fundada por São Bento no século VI. A regra 34 que enuncia: "É proibido resmungar". Toda Escola deveria ter esse lema exposto bem na entrada. Não é proibido reclamar, não é proibido debater, não é proibido discordar, mas é proibido resmungar. Em latim está escrito: "É proibido murmurar". Gente que murmura, em vez de fazer, fica resmungando. Em vez de acender vela, fica amaldiçoando a escuridão. Em vez de partir e fazer o que precisa ser feito, fica dizendo: "Assim não dá", "Onde já se viu?", "Alguém tem de fazer alguma coisa"...

É proibido resmungar, olha que coisa boa! No século XXI, educadores e educadoras temos de entender isso. Do contrário, vamos ficar repetindo a frase: "Os alunos de hoje não são mais os mesmos".

Quando comecei a dar aula, nos anos 1970, na PUC-SP, os alunos obviamente eram outros. Já imaginou como mudou de lá para cá? E se eu continuasse a fazer como fazia? Já imaginou o impacto de continuarmos a fazer do mesmo jeito, do mesmo modo, esquecendo o contexto em que estamos?

O aluno que entrou este ano na universidade, que está com 17, 18 anos, não chegou a ver um filme "antigo", chamado *Titanic*, que é de 1997. Os alunos que estão na universidade podem até ter ouvido falar do afundamento do Titanic há mais de um século, mas o filme, em si, é muito distante da vida deles. E muitos educadores têm o *Titanic* como uma obra cinematográfica recente, ainda se emocionam. Os alunos que estão agora na universidade não conheceram os Mamonas Assassinas. Outro dia, eu estava dando aula na universidade, falei dessa banda e um aluno perguntou:

— Mamonas o quê, professor? O que eles faziam?

— Eram um conjunto, eles cantavam.

— Cantavam o quê?

— Aquela música da Brasília amarela.

— Brasília?

— É, aquele carro com dois carburadores.

— Carburador?

Num mundo de mudança veloz, estamos nós, no século XXI, nascidos no século XX, usando métodos que vinham do século XIX. E quando dá errado em sala de aula, qual o nosso argumento? "Esses alunos não sabem nada" ou "eles não querem saber de nada".

Cuidado, o comandante do Titanic achou que estava seguro. Ele não deu atenção ao iceberg que estava se aproximando. Por que estou dizendo isso? Pela necessidade de prestarmos atenção. O professor velho acha que já sabe, que já conhece, quando vai atrás, muitas vezes é da novidade, porque o novo o incomoda. A novidade é passageira, o novo é aquilo que vem, muda e entra no circuito. Por isso, cautela, "é proibido resmungar". Nesta hora vale esta ideia. Retomemos: há colegas nossos que passam o tempo falando "os alunos de hoje não são mais os mesmos". Claro que não são. Então, como podemos nós continuar a fazer do mesmo modo?

Há alunos na tua Escola que nasceram depois da morte de Saddam Hussein, que foi enforcado em 2006. Em que ano foi o *tsunami* na Ásia que matou 350 mil pessoas na véspera de Natal? Em 2004. O aluno do Infantil ou do Fundamental ou era menininho ou não tinha nascido. E alguns de nós falamos de *tsunami* como se fosse coisa de agora. Vou ao topo para pensarmos também na base: alguns dos nossos alunos do Ensino Superior de agora tinham 5 anos quando do atentado às Torres Gêmeas em Nova Iorque, que nos parece tão próximo...

O aluno que está na Universidade ou no Ensino Médio não conheceu Ayrton Senna e, menos ainda, em etapas anteriores da Educação Básica. Já imaginou uma Escola que organiza o material, o projeto todo em cima da Fórmula 1? Inclusive os mais jovens nem imaginam por que nós, os mais idosos, assistimos a corridas de Fórmula 1.

A última vez em que o Brasil venceu um campeonato de F-1 foi em 1991, com o próprio Ayrton Senna. O presidente da República era Fernando Collor, a União Soviética ainda existia e a seleção brasileira era tricampeã de futebol. O aluno não entende por que assistimos a corridas de F-1. Tanto que as tevês, que não são tolas, estão migrando da F-1, que já não tem tanto público, para as lutas do tipo

MMA, modalidade que está se tornando mais próxima dessa geração. Assim como as grandes companhias de telefonia celular estão mudando o modo de fazer negócio, com o lucro migrando da cobrança de pulso para a de SMS, de torpedo. Se eu falasse isso há 10 anos, me considerariam louco. Isto é, a área de telefonia iria deixar de ganhar dinheiro com a ligação para ganhar com a mensagem.

Até o uso dos aparelhos mudou radicalmente! Durante séculos, nós, humanos, quisemos um "telefone". Tele + fone: algo para falar a distância. Usamos tambor, fumaça, o que deu. Na metade do século XIX, inventamos o telégrafo. Não falávamos, mas escrevíamos e líamos a distância. No final do século XIX, inventamos o telefone, mas ele era fixo, tinha de ficar em determinado espaço. No final do século XX, inventamos o telefone de verdade. Que é o fone móvel. Pois bem, teu aluno, teu filho, teu neto não utilizam mais esse equipamento para falar. Ele usa para escrever. Eles reinventaram o telégrafo. Você está dirigindo o carro, seus dois filhos no banco de trás, um conversando com o outro por mensagens. As pessoas com menos de 18 anos não usam celular para falar, usam para escrever. Elas acham inclusive que é idoso quem usa esse aparelho para falar. Usam para escrever e ainda fazem algo inacreditável, acionam somente o polegar para fazer todas as coisas. Você sabe que alguém é mais idoso quando segura o aparelho com uma mão e digita com a outra.

Nesse contexto, qual a chance que a Escola perde? Essa geração com menos de 18 anos voltou a escrever. A minha geração — eu sou dos anos 1950 — cresceu nos anos 1960 com o telefone. Nossos pais ficavam irritadíssimos porque passávamos um tempão pendurados no telefone. Mas, de vez em quando, escrevíamos cartas. Meus pais cultivavam esse hábito. E era preciso aprender a escrever bem.

Eu usava parte o telefone, parte a carta, mas o telefone era muito caro e o meu pai ficava bravo. Depois, a geração dos meus filhos passou a usar só o telefone e não se escrevia mais. Essa geração que está entrando nas Escolas voltou a escrever, nas redes sociais, no Twitter... Pode-se argumentar: "Mas são 140 caracteres só". A diferença entre zero e 140 é de 140. Se a Escola não prestar atenção nessa dinâmica, no material didático, na leitura, vamos perder essa condição de interagir e de aproximação.

Voltaram a escrever! Dizem uns, "Ah, mas eles escrevem errado..." "Ah, em vez de escreverem 'você', eles escrevem 'vc'." Cuidado! Há 300 anos, eu diria "vossa mercê"; há 200 anos, diria "vosmecê"; há 100 anos, diria "você". E hoje eles escrevem "vc".

Não estou afirmando que vale qualquer coisa, mas que o idioma, sendo vivo e dinâmico, vai sofrendo alterações. Esta nova geração voltou a escrever e pode ser que nós consigamos encantá-los também para a leitura. Porque as duas coisas, evidentemente, são conexas.

E esse é um novo paradigma, e parte das Escolas ainda não entendeu isso. Quem escreve precisa ler, para escrever melhor e não passar ridículo.

A geração atual tornou à comunicação por intermédio da "telefonia escrita", e não mais vocal. Num primeiro momento, essa comunicação veio com caracteres mais reduzidos, no Twitter ou no torpedo, mas eles voltaram a ler.

Voltaram a falar melhor? Eles se comunicam melhor verbalmente, oralmente? Não. Por quê? Porque houve uma redução da comunicação oral. A tecnologia faz com que pessoas estejam no mesmo ambiente e estabeleçam uma comunicação verbal por meio da mensagem. Isso significa que tivemos um rareamento da comunicação oral, que foi a grande marca das gerações anteriores, X e Y, dos anos 1970 para cá. Esta agora é, em grande medida, verbal sem ser oral. E esse oral é extremamente telegráfico e sintético.

Um grande indício disso é que as pessoas não têm mais nome completo. Hoje é "Ma", "Fê", "Alê", "Lê", "De"... O sincopamento nesse modo de chamar o outro faz com que haja uma economia oral muito grande, mas não necessariamente vocabular. Porque o vocabulário persiste no escrito.

Os alunos podem voltar a escrever bem? Sim, alguns blogs são muito bem escritos por gente jovem. O que se reinaugurou? O diário. Até os anos 1960 e 1970, as pessoas, especialmente meninas, por conta da cultura machista, mantinham o diário com cadeadinho. Hoje esse diário é público, com o blog, a página nas redes sociais. O diário é tão público que os pais estão lendo. E, portanto, vigiando e controlando. Isso preocupa parte dos jovens, que estão migrando para tecnologias mais privativas.

A comunicação escrita está numa condição melhor hoje. Pessoas, ao manter seus blogs, procuram poesia, texto, citações — ainda que muitas vezes não verdadeiras — de Pessoa, Verissimo, Borges, mas isso é inerente à própria rede. Essa melhoria não acontece tão acentuadamente na oralidade.

Há uma restrição vocabular e um modo de comunicação que trouxe uma mudança muito acelerada para a sintaxe. Tanto que algumas Escolas estão elaborando atividades para que o aluno volte a se expressar oralmente, como a leitura em voz alta, algo que é antigo, mas não é velho. No passado, essa tarefa cumpria a função de mostrar o domínio da leitura. Mas havia também uma intenção recôndita, que era aferir se o aluno fazia alterações na gramática, seja em pontuação, acentuação etc. Isso era levado tão a sério por alguns, que as crases eram enfatizadas com uma espécie de eco dentro do "A". Isso hoje até carrega certo humor, não faz sentido. Mas a leitura em voz alta aprimora a capacidade de pronunciar os vocábulos com clareza e de se apropriar de um mundo de oralidade que ultrapasse a linguagem sincopada e restrita.

A tecnologia também confere a possibilidade de ganho de repertório, de conteúdo. Não é casual que as grandes redes de livrarias tenham montado espaços para jovens e crianças, e que as grandes editoras tenham carreado parte da literatura para o que interessa à criança e ao jovem, como as histórias de Harry Porter, livros ligados ao vampirismo (a nova forma de lidar com os hormônios, aquilo que é altamente sexualizado), que despertam interesse e são lidos. E isso aproxima crianças e jovens dos livros, estejam em plataforma digital ou em papel.

Docentes que somos, ou entendemos e aprendemos a ter tudo isso como referência, ou ficamos apenas com um grande passado pela frente...

CAPÍTULO 3

Estado de atenção e o desafio de mudar

O grande pensador alemão Immanuel Kant dizia no século XVIII: "Avalia-se a inteligência de um indivíduo pela quantidade de incertezas que ele é capaz de suportar".

Alguém que entre em estado de atenção no trabalho pedagógico está demonstrando inteligência. Porque o número de variáveis que passaram a fazer parte do nosso circuito hoje é tamanho, que a escolarização não corre mais dentro de um veio tão escorreito como já o foi em tempos anteriores. Aquilo que está no entorno mudou tanto que a Escola mudou também. Embora menos do que o seu entorno. E como as pessoas não vivem na Escola, mas no entorno, trazem para dentro do espaço escolar essas características de volatilidade, de pressa no cotidiano, de uma multiplicidade de tecnologias que fizeram com que houvesse um emagrecimento da Escola como fonte de conhecimento letrado. Isto é, não só ela ficou menos interessante, como também perdeu parte da tarefa que carregava antes como maior valor.

Por isso, o docente se encontra mais perdido hoje, num cenário que tem uma modificação absolutamente acelerada. Há 20 anos, eu diria para um aluno em sala de aula prestar atenção, em vez de falar com o colega. Agora ele não precisa falar com o colega para ficar distraído, basta um celular. Mudou. Antes eu poderia dizer para um aluno: "Joga esse chiclete no lixo", "Tira esse boné"... Olha que problemão! Agora é "guarde esse celular", "desliga esse *tablet*", "tira esse fone de ouvido". De uma sociedade que se ocupava em afirmar que nem mascar chiclete em sala de aula era admissível — não estou falando dos anos 1950, estou falando dos anos 1980 —, em que não se podia assistir à aula de boné, vir com um tênis diferente do uniforme, para, agora, uma discussão do que é permitido no pátio ou em sala de aula foi uma mudança muito veloz. Não deu tempo de nos organizarmos mentalmente, nem como habilidade e competência, para uma situação com essa pressa. Há certa estupefação em relação a isso.

Já se chegou até a imaginar que seríamos desnecessários, mas cada vez mais é preciso um adulto que ajude a ensinar. Porque acesso à informação é diferente de conhecimento, portanto, aquele que organiza a relação entre ensino e aprendizagem acabou ficando, num primeiro momento, atemorizado porque poderia ser descartável e, num segundo momento, pletorado com todas as tarefas que nos passaram. São tantas as atividades que, às vezes, eu quase que entro numa reunião de pais e mestres dizendo: "Gente, eu só queria ensinar Filosofia, eu só queria discutir um pouco de Machado de Assis". Claro que a Escola faz um projeto pedagógico para integrarmos os conteúdos para que junto com Machado de Assis também venha educação sexual, para o trânsito, contra a droga, para o convívio ético e formação de cidadania, mas, de vez em quando, precisamos ter tempo para ler Dostoievski e discutir em sala de aula.

Isso gerou dentro do espaço escolar, no que se refere ao docente, tempos perplexos no contato. Perplexidade, inclusive, diante de uma criança de 8 anos que aponta o dedo para o nariz do professor numa atitude desafiadora, e que, portanto, não tem uma relação respeitosa com adulto, não está habituada com isso no dia a dia. Perplexidade também por causa de ameaças de agressão física, "eu te pego lá fora", com parte da sociedade que é conivente com isso. Perplexidade porque o aluno diz "isso não serve para nada". Essa negligência do respeito na convivência dá ares de confronto na relação com o docente.

Para que essas cenas não se tornem cada vez mais banalizadas, é preciso ter a capacidade de fazer um projeto pedagógico sólido na Escola com as famílias. Essa é uma tarefa conjunta.

Cada Escola tem de se organizar como uma força-tarefa para impedir que haja uma degeneração na convivência. A clássica frase "quem sai aos seus não degenera" pode ser substituída por "quem sai aos seus não regenera". É preciso uma regeneração dessa questão numa convivência, num espaço que não seja arcaico, em que a tecnologia tenha a sua presença, que o ensino não seja de conteúdos abstratos, mas que sejam ideias que tragam a reflexão do concreto, em que não haja autoritarismo, mas que a autoridade seja um elemento de constituição sólida da convivência, em que haja uma estrutura colaborativa em vez de trabalhar apenas como competição. Portanto, ou elaboramos esse projeto ou passaremos o tempo todo fazendo autópsia — o que estou propondo é que façamos a biópsia.

Porque é no dia a dia que isso vai se construindo, quando admitimos em sala de aula a fragilização da convivência saudável, da disciplina; quando admitimos que as pessoas finjam que estão estudando; quando o docente finge que está participando do planejamento;

quando a direção admite uma negligência em relação aos modos de organização das tarefas da Escola; quando a família finge que basta entregar os filhos e o equipamento escolar dá conta do que tem de ser feito.

O risco tem de ser enxergado no ponto de partida. Isso significa que, sem ser higienista no que vou dizer, tem de ser uma Educação que entenda a noção de previdência antes que não dê tempo. O higienismo do começo do século XX imaginava que a salvação da juventude se daria por meio da Educação Física e de práticas militares, como marchar, cantar todos os dias o hino nacional e hastear a bandeira. Agora a lógica é outra, a do disciplinamento da convivência, do uso de tecnologia e da capacidade de construção de uma Escola que não seja arcaica, que saiba que lida com aquilo que é secular, mas que não pode estar em outro século que não o século em que ela está.

Os outros séculos têm que vir para agora e não a Escola estar em outro século.

Se há algo que nós, humanos, temos dificuldade é de assimilar processos de mudança. Mudar é complicadíssimo. Gostamos muito daquilo que nos é familiar, ao que já estamos habituados.

Tem gente que senta no mesmo lugar à mesa para comer há 10, 20 ou 30 anos. Quando vem alguém de fora que não conhece os hábitos da família e se senta naquele lugar, causa uma instabilidade no ambiente. A pessoa até perde o apetite porque alguém ocupou a cadeira à qual ela está habituada.

Ou a pessoa vai a um auditório assistir a uma palestra. No período da manhã, senta em uma determinada poltrona e ali fica. Não tem lugar marcado. À tarde, depois do almoço, a tendência é se dirigir exatamente à mesma poltrona em que se acomodou antes. E se encontrar alguém sentado ali, por educação, nada fala, mas chega a pensar: "Ué, o que essa pessoa está fazendo no meu lugar?".

Por quê? Porque nos apegamos à ideia de que há lugares que são nossos e dos quais não queremos sair. São locais em que nos sentimos bem, onde estamos confortáveis e também conformados. É só observar: quando se põe água no copo, ela se conforma ao copo, ou seja, ganha a forma dele, mas também fica ali aprisionada. Para que a água tenha capacidade de sair dali, ela precisa transbordar, ir além da borda.

Mudar é uma situação em que precisamos transbordar, isto é, ir além do nosso limite, alterar a nossa possibilidade de ser de um único e exclusivo modo.

Os árabes têm um ditado muito apreciável: "Homens são como tapetes, às vezes precisam ser sacudidos". Essa sacudidela é que nos permite uma mudança da nossa própria postura. Mudar, no entanto, produz tensão. Uma tensão entre rigidez, que é o que se quer manter, e flexibilidade, que é o que nos obriga a alterar a postura. É preciso ter flexibilidade em Educação e em qualquer outra esfera da vida.

Ser flexível é diferente de ser volúvel. Volúvel é aquele que muda por qualquer coisa, que não tem convicções, não tem raízes, aquele que balança de acordo com o vento. Por exemplo, é aquele que não tem clareza dos métodos pedagógicos que utiliza; alguém falou neste, ele adota, falou no outro, ele adere também. Isso é ser volúvel. Já flexível é aquela pessoa que, por ter convicções, é capaz de alterar determinadas posturas sem perder a rota. É capaz, inclusive, de não ficar oscilando ao sabor de qualquer movimento.

Um ser que não seja flexível não tem condição de sobrevivência. O cientista britânico Charles Darwin nunca disse que a sobrevivência era do mais forte, mas do mais apto (aliás, se fosse dos mais fortes, os dinossauros estariam por aqui ainda). O mais apto é aquele que tem flexibilidade, uma virtude fundamental para o trabalho pedagógico.

Mudar sempre implica riscos. Por exemplo, quando uma criança está aprendendo a andar, o lugar mais confortável é o berço, o mais seguro é ficar engatinhando na horizontal. Para levantar, corre-se algum risco, para andar, outros riscos. A situação mais frequente é o pai ficar de um lado, a mãe do outro, e a criança vai buscando equilibrar-se. Quando ela começa a andar? Quando perde o medo de cair. Mais do que perder o medo, quando ela sabe que pode cair. É o mesmo fenômeno que ocorre com andar de bicicleta ou a cavalo. Quem aprendeu a andar de bicicleta sabe que um dia alguém tirou as rodinhas laterais que apoiavam, ou, se nunca teve uma bicicleta com aquelas rodinhas, teve que ir se equilibrando.

A atitude de mudança é que responde à possibilidade do novo. Aliás, só quem não teme o novo (o novo, não a novidade) é capaz de mudanças significativas. Outros, que ficam temendo o novo ou só vão atrás de novidade, entram num transtorno da sua capacidade, inclusive de Educação.

Alguns diriam "ah, mas se eu ficar mudando sempre...". Não se trata de mudar sempre, mas mudar quando é necessário, e essa necessidade vem à tona até como um paradigma, um jeito de fazer, um modelo, uma referência em vários momentos. É preciso alterar a percepção que alguns têm de que nós somos sempre do mesmo jeito. Existe uma frase bem curiosa que circula por aí: "Uma pessoa, quanto mais ela vive, mais velha fica". Isso é bobagem. Conforme escrevi no livro *Não nascemos prontos!*,[1] para que alguém quanto mais vives-

---

1. Cortella, M. S. *Não nascemos prontos!* Provocações filosóficas. 12. ed. Petrópolis: Vozes, 2012.

se mais velho ficasse, teria que ter nascido pronto e ir se gastando. Gente não nasce pronta e vai se gastando, gente nasce não pronta e vai se fazendo. O que nasce pronto e vai se gastando é fogão, sapato, geladeira.

Claro que esse processo de construção acontece com cada pessoa e, por isso mesmo, não é linear, é quase elíptico. Eu, na minha trajetória, trouxe algumas coisas e deixei outras tantas para trás. Nesse processo de mudança, eu fui me fazendo de um jeito novo.

Não se deve confundir novo com inédito. Quando dizemos que é preciso uma Escola que seja nova, um novo modo de fazer Educação, não significa jeito inédito. Afinal de contas, inédito é o que nunca existiu de nenhum modo. Eu sou uma nova pessoa, mas não sou inédito. Para ser inédito eu precisaria ser hoje de um jeito com o qual nunca tive contato. Ao contrário, muitas coisas eu fui e outras deixei de sê-lo. Muitas coisas eu trouxe da minha experiência, do meu conhecimento, do meu afeto e outras deixei ao longo do caminho. Por isso, falar em nova forma de agir em múltiplos paradigmas implica, obrigatoriamente, pensar em mudança sem abandonar aquilo que precisa ser preservado e conservado em nossa trajetória, para ficarmos idosos sem ficarmos velhos.

Vamos voltar a essa distinção entre idoso e velho. Há uma diferença entre ser idoso e ser velho. Idoso é aquele que tem bastante idade, velho é aquele ou que já está pronto, que acha que não precisa mais aprender, que acha que não conseguirá mais aprender. Idosa é uma pessoa de 60, 70, 80 anos de idade; velho se pode ser com 20, 30, 40, 50 ou 60 anos de idade. Velho é aquele que acha que nunca precisa mudar, que, independentemente da idade, acha que está pronto. O idoso tem valor. O museu, ao contrário do que dizem os tolos, é um lugar para coisa idosa, lugar para coisa velha é lixo. Coisas idosas têm valor, pessoas idosas têm valor.

A questão relevante é: a nossa Escola é idosa ou velha? Se é idosa, tem algo a ser preservado. Se é velha, carrega uma estrutura que pode já estar obsoleta. Para transformar momento graves em momentos grávidos, é necessário ultrapassar essa tensão. E uma das coisas fundamentais para poder fazer isso na existência humana, individual e coletiva, é ser capaz de ter esperança — algo que às vezes nos escapa, mas que precisa ressurgir e se revitalizar o tempo todo.

Paulo Freire morreu em 1997 e a obra dele inicial é dos anos 1960, mas o pensamento freireano — assim como o de Jean Piaget, John Dewey, de Lev Vigotski, de Johann Heinrich Pestalozzi, de Maria Montessori — é absolutamente novo. Não é novidade, porque ele ficou antigo, mas não envelheceu nem perdeu a vitalidade.

É necessário preservarmos a nossa capacidade vital. Muitas pessoas, frente às necessidades de mudanças, a tudo o que nos é exigido hoje em Educação, acabam desanimando. A palavra não é casual: "desanimar", que vem do latim, significa perder a *anima*, "perder a alma". Desanimar é ficar sem o espírito de vitalidade. Desanimar é também desesperar, ou seja, perder a esperança.

Paulo Freire dizia e é importante repetir sempre: "É preciso ter esperança, mas não esperança do verbo esperar, mas esperança do verbo esperançar". Porque tem gente que tem esperança do verbo esperar, e esperança do verbo esperar não é esperança, é espera. Alguns dizem assim: "eu espero que resolva", "eu espero que funcione", "eu espero que melhore"... Isso não é esperança, é espera. Esperançar é ir atrás, é se juntar, é não desistir. Esperançar é fortalecer a capacidade vital, é construir utopias.

Leonardo Boff, grande educador e teólogo, costuma dizer que "a utopia impede o absurdo de tomar conta da História". E o absurdo é a incapacidade de fortalecer a dignidade coletiva.

Por isso, o educador ou a educadora — aqueles(as) que lidamos com o futuro, que lidamos com a Educação que nos transporta a um novo tempo, no qual se deseja uma melhor condição de existência, em que a vitalidade, a dignidade e a fraternidade têm lugar — precisamos esperançar. E o esperançar passa, necessariamente, pela nossa capacidade de trabalhar a nossa vida nessa direção.

O grande médico do século XX, ganhador do Nobel da Paz, Albert Schweitzer, quando recém-formado, podia usar todo o conhecimento e a capacidade que tinha para si mesmo, mas foi para a África e por lá ficou cerca de 50 anos, onde se dizia: "Aqui não tem jeito, a coisa é grave, o que nós podemos fazer?". E ele ficou lá, em meio àquela pobreza, para proteger a vida. Schweitzer tem uma frase que diz: "A tragédia não é quando um homem morre, mas aquilo que morre dentro do homem enquanto ele está vivo". E o que é que não pode morrer? A esperança.

Momentos graves se tornam grávidos quando a esperança permite levar adiante a nossa utopia, o nosso sonho. Por isso, novos paradigmas, nos novos tempos, são aqueles que estão alicerçados, que estão escudados, que estão protegidos na capacidade de esperançar.

Lembremos: o educador é um partejador de ideias, desejos e esperanças. A função de um educador é ter capacidade de partilha. Representa uma força de vitalidade numa comunidade. Sua atividade é uma maneira de fazer com que a Vida eleve a sua condição e, ao mesmo tempo, é um dos caminhos mais fortes de socialização dentro de uma sociedade. Precisa, desse modo, ser competente nos saberes e fazeres.

CAPÍTULO 4

Humildade pedagógica e competência coletiva

O pensador grego Sócrates, entre muitas coisas boas, também é conhecido por expressar algo que deve fazer parte do nosso perfil no século XXI. Ele disse: "Só sei que nada sei".

Sócrates não era tonto. Ele não disse essa frase para afirmar que nada sabia. Porque nada saber significaria fingir modéstia. Sócrates era conhecido, no século V, como "o mais sábio dos atenienses". Quando Sócrates dizia "só sei que nada sei", estava querendo dizer "só sei que nada sei por inteiro", "só sei que nada sei por completo", "só sei que nada sei que só eu saiba", "só sei que nada sei que o outro não saiba", "só sei que nada sei o que o outro não possa vir a saber". No fundo, Sócrates estava fazendo uma demonstração de humildade. Por isso, uma das qualidades para o nosso perfil na Educação Escolar no século XXI é humildade.

Só é um bom ensinante quem for um bom aprendente. Um paradigma especial que um educador ou educadora precisa observar é *humildade pedagógica*.

A principal característica da humildade pedagógica é a noção de que alguém sabe coisas, mas não as sabe todas, e que outro as sabe. Sabe outras, mas também não sabe tudo. Só a possibilidade de estruturar uma conexão entre as pessoas pode gerar, de fato, um conhecimento que seja coletivamente significativo. A humildade pedagógica é, portanto, a qualidade essencial de alguém que se disponha a educar, porque só quem é permeável a ser educado pode também educar. A humildade pedagógica corresponde a um comportamento que é a permeabilidade intereducativa. Tem que ser permeável ao aprendizado contínuo e ao ensino contínuo, afinal de contas, não se pode confundir Educação com escolarização. A Escola é um pedaço da Educação, e não se pode imaginar que Educação é algo que se encaixe em um período de tempo determinado. Não existe ninguém qualificado, nós estamos todos em situação de qualificantes o tempo todo.

Em última instância, somos todos amadores, no duplo sentido que a palavra carrega. Quer dizer que nós nunca estamos prontos dentro da nossa atividade, e que também precisamos ter amorosidade nessa relação. O que pode nos acontecer de pior no século XXI? É perdermos a condição de amorosidade. Mas não basta ter amorosidade para lidar no meio de Educação. Seja pai, mãe, professor, professora, responsável. É preciso ter uma amorosidade competente, porque uma amorosidade sem competência é mera boa intenção.

Nesse sentido, nós somos profissionais amadores, e quem não o é, torna-se portador de um risco muito grande na área de Educação, que é a arrogância. A arrogância, e retomo o que antes escrevi, é a suposição daquele que acha que já sabe, daquele que acha que já conhece e especialmente daquele que não tem dúvidas. É muito perigoso não ter dúvidas, é um sinal não só de idiotice, como também de arrogância.

Para o século XXI, temos de trabalhar muito a ideia de competência. E há aí um obstáculo. A nossa competência tem um prazo de validade menor nesses tempos. Isto é, a velocidade de mudanças das coisas é tamanha, que perdemos competência com igual rapidez.

O escritor carioca Millôr Fernandes dizia uma frase, que tem de servir de lema para nós, educadores, em várias situações: "Se você não tem dúvidas é porque está mal informado". Isso é uma coisa séria para quem lida com a Educação, com formação de pessoas. O professor ou a professora que se coloque como portador de conhecimento indubitável é alguém que está na área equivocada.

Afinal de contas, nós lidamos com vida, e vida é processo e processo é mudança. Portanto, certezas são provisórias, com relações absolutamente temporais, dentro da nossa atividade.

Há uma frase antiga que diz: "A minha competência acaba quando começa a do outro". Isso valia até 20 anos atrás. Hoje não há mais a ideia de uma competência exclusivamente individual, a atual noção de competência tem um nível mais aberto e mais coletivo. O que é competência coletiva? A noção de que a minha competência acaba quando acaba a do outro. Num grupo, numa escola, numa instituição, se você perde competência, eu perco. Se você aumenta a sua competência, eu aumento a minha também.

O trabalho de Educação é coletivo, é feito com as pessoas. É esse ato coletivo que nos coloca o imperativo de nos desenvolvermos coletivamente também. E, para isso, é preciso acreditar em dois grandes princípios: *Quem sabe reparte e quem não sabe procura!* Porque se aquele que sabe, não repartir, enfraquece aos outros e a si mesmo.

E se aquele que não sabe não procurar, enfraquece a si mesmo e o local onde está. Nessa hora, a noção de parceria fica fortalecida.

Há um ditado africano de que gosto muito: "Se quiser ir apenas rápido, vá sozinho. Se quiser ir também longe, vá com alguém". E se queremos ir longe no século XXI, temos de ir com pessoas que conosco partilhem capacidades e competências, e tragam para nós humildade como sendo um valor de preservação de princípios éticos, para não implantarmos a ideia malévola de que "fazemos qualquer negócio". E, especialmente, colocarmos em prática algo decisivo, que é repartir o que se sabe.

O historiador britânico Beda, do século VII, chamado pelos anglicanos e católicos de São Beda, disse algo que nos ajuda a pensar grandes virtudes para o século XXI: "Há três caminhos para o fracasso: não ensinar o que se sabe; não praticar o que se ensina; e não perguntar o que se ignora".

Só para ajudar a fixar o conceito, vamos inverter. Há três caminhos para o sucesso: ensinar o que se sabe, ou seja, generosidade mental. Segundo: praticar o que se ensina, isto é, coerência ética. Terceiro: perguntar o que se ignora, ou seja, humildade intelectual.

Essas três grandes virtudes precisam compor o século XXI em Educação. Tião Rocha, grande educador, antropólogo, de Ouro Preto (MG), chama a Escola formal de "Escola formol", porque ela conserva alguns cadáveres. E esses cadáveres precisam ser sepultados e nós temos de ser capazes de fazer o que precisa ser feito, com decisões boas, que não sejam baseadas na mera novidade, mas que busquem o novo, com o olho na História.

Outro ponto decisivo nessa discussão é a nossa capacidade de construção de valores éticos, de solidariedade, de fraternidade, de maneira a evitar o apodrecimento da esperança, a esterilização dos nossos futuros, a desertificação da nossa humanidade.

O filósofo francês Voltaire que é, dentro do Iluminismo, uma das forças mais intrigantes do século XVIII, tem uma frase sagaz, embora mal interpretada em alguns momentos: "Deus é contra a guerra, mas fica ao lado de quem atira bem". O que significa atirar bem? Não significa atirar bem para prejudicar o outro, mas é preparar a competência; e competência não é gerada espontaneamente ou cai dos céus. Aliás, em Educação, nós temos um risco muito grande: imaginar que só boa vontade pode ser suficiente. É muito comum perguntar a alguém:

— Por que você dá aula, por que você é educador?

— Ah, porque eu gosto de criança.

Gostar é um ato fundamental para poder fazer, mas, para poder fazer bem e, portanto, respeitar aquele com quem você lida, é preciso desenvolver competência. E essa competência — é necessário insistir nisso — não acontece isoladamente, mas, sim, numa construção coletiva.

CAPÍTULO 5

O poder do saber e pilares da Educação

Afinal de contas, para que serve o conhecimento?

Há três autores que produziram reflexões bastante significativas, a partir das quais podemos compreender melhor o tema do conhecimento.

O primeiro deles é o italiano Umberto Eco, que escreveu *Obra aberta*, um clássico na área da Semiótica, que aborda a importância de entender o texto como uma obra aberta. Assim como o conhecimento e a vida humana.

Essa noção é importante, pois estabelece a natureza da nossa relação com o conhecimento e suas nuances. O gênio, por exemplo, não é aquele que já sabe. Gênio é aquele que sabe que não sabe tudo e continua procurando para saber. Gênio não é aquele que nasce dessa forma, é aquele que se faz. O gênio não desiste de conhecer. Cuidado com gente que acha que já sabe, que acha que já conhece. Cuidado com gente que acha que o conhecimento é algo a ser concluído. Gente grande de verdade cresce sabendo que não é grande ainda, mas que está em desenvolvimento contínuo.

O segundo autor que vale a pena ser mencionado é Francis Bacon, um grande filósofo e cientista, "inventor" do método científico moderno. Foi ele quem propôs que o método científico devesse ter os seguintes passos: observação, problematização, hipótese, prova, contraprova, teoria e lei. Ele é o pai do empirismo moderno do século XVI. Uma das obras clássicas de Bacon é *Novum organum*, uma proposta de metodologia do conhecimento feita para atualizar um texto de Aristóteles, produzido no século IV a.C., chamado *Organum*. *Organum*, que deu na palavra "órgão" em português, no grego antigo quer dizer "ferramenta". Por isso, "órgão" é uma "ferramenta de vida" e "organum" é uma "ferramenta de raciocínio". Francis Bacon é autor da famosa frase: "Saber é poder". Nós, de vários modos — como estudantes, como profissionais, como pessoas que lidamos com informação — temos um poder. E o que nós fazemos com o poder do saber? Como ele se conecta com a vida? No fundo, a grande questão é trabalhar uma percepção daquilo que os latinos chamavam de *opera*. A sua obra, aquilo que você produz, o seu legado.

Como lidar com o conhecimento? Ele serve para quê? Qual é o poder do saber? Muitos esquecem que a finalidade do poder é servir. Servir à vida, a uma comunidade, às pessoas. Todo poder que, em vez de servir aos outros, serve a si mesmo, esse é um poder que não serve. O poder da informação, o poder da ciência, o poder da arte é servir. O que fazemos com o poder do nosso saber? Nós o repartimos, partilhamos, o usamos para crescer? Ou eventualmente o utilizamos para dominar? Para tornar o outro ser humano menor? Para diminuir a vida? Conhecimento, e dentro dele a informação, tem a finalidade de servir à vida. Mas à vida de quem? À vida de todas e todos. À vida coletiva.

Numa sociedade como a nossa, em que há uma indigência muito grande, ser escolarizado já representa um poder imenso. Saber caminhar em meio às estantes da biblioteca, saber assistir criticamente a um telejornal é um poder — quando lembramos o que significa esse poder no nosso cotidiano, na nossa vida.

A terceira citação é Clarice Lispector, escritora ucraniana que viveu no nosso país. Ela tem uma frase magnífica que, sintetizada, dizia: "O melhor de mim é aquilo que eu não sei", ou, no escrito dela, "aquilo que desconheço é minha melhor parte". Porque aquilo que já sei é mera repetição, mas aquilo que eu não sei é o que me renova, o que me faz crescer. O conhecimento é algo que me reinventa, recria, renova.

Por isso, é preciso ter humildade para que possamos aprender a fazer melhor aquilo que fazemos. Para que aquilo que realizamos sirva para a vida em abundância. Você não precisa deixar o lugar em que está para fazer melhor. É fazer melhor onde você está.

Conhecimento e vida. Conhecimento e informação para quê? Para fazer crescer a vida. E o conhecimento é um poder. Mas um poder que sirva a quê? Que sirva à capacidade de fazer com que a vida se eleve.

Em uma sociedade de mudanças velozes, com a aceleração dos modos de pensar, fazer e conviver, a Educação Escolar precisa estabelecer bases em três pilares:

1. Sólida base científica.
2. Formação de solidariedade social.
3. Constituição de cidadania ativa.

Eu trabalho esse tema de maneira mais densa no livro *A escola e o conhecimento*,[1] mas vale a pena abordar o tema aqui, por se tratar de um paradigma daquilo que considero um trabalho decente, portanto, aquilo que faz com que o nosso propósito não seja vazio ou superficial.

O que é *sólida base científica*? A Ciência é um patrimônio da humanidade, um produto da ação humana. Ela não é uma atividade que resulta de indivíduos, mas do conjunto humano em qualquer lugar. Sendo um patrimônio coletivo, é preciso que a apropriação não seja exclusiva. Não podemos fazer do conhecimento científico um privilégio. Ele tem de ser repartido no conjunto da humanidade. Por isso, furtar qualquer pessoa em relação àquilo que é a base científica mais sólida é tirar dela algo em que ela colaborou na construção, em qualquer lugar, para que essa Ciência tivesse seu modo de expressão.

Nem todos somos cientistas, mas todos construímos Ciência. Seja no laboratório, seja na plantação de trigo para que o pão nos sustente, seja na organização de ideias que vão adiante, tudo aquilo que torna a Ciência uma obra coletiva. A execução tem uma natureza mais individual, que são os cientistas, mas que não pode ter uma apropriação exclusiva.

Durante algum tempo, até se imaginou que, caso se quisesse fazer uma Educação mais aberta e, portanto, mais próxima das grandes massas, seria preciso deixar de lado um pouco da base científica e trabalhar mais com o imediato, com o pragmático, com o dia a dia. Um modelo de educação pragmatista, que tem uma utilidade para o

---

1. Cortella, M. S. *A escola e o conhecimento*: fundamentos epistemológicos e políticos. 14. ed. São Paulo: Cortez, 2011.

momento, isto é, "se é pobre, vai se formar e trabalhar para ganhar a vida nesse momento". Embora isso até possa ter a sua utilidade, parar nisso é uma desonra para um trabalho que deseja elevar as pessoas, em vez de diminuí-las. Nessa hora, a Ciência é uma ferramenta poderosa para uma melhor intervenção consciente no mundo, para uma melhoria da operação técnica da realidade e para passos subsequentes. Por isso, ela é um dos pilares da Educação Escolar que seja decente.

A *formação de solidariedade* é para que se entenda que essa Ciência também terá a sua repartição dentro do espaço escolar — não só nele, mas também nele, porque a Escola não é a única forma de cultura letrada; cada vez mais, as várias formas de mídia trazem isso no dia a dia. Mas a Escola, sendo um lugar propositado para a repartição do saber científico, de modo intencional, deliberado, não pode passar a Ciência como uma ferramenta exclusivista, sem a percepção de uma sociedade em que se tem o sólido como aquilo que não admite as rachaduras, a fragmentação. Eu sempre lembro que a palavra "solidariedade" vem de "sólido", não vem de "solidão". Portanto, uma personalidade que tenha a percepção de solidariedade é aquela que entende a Ciência como uma ferramenta para a minha presença com outras pessoas no mundo, de maneira que a noção de humanidade faça mais sentido do que a de indivíduo.

Sem que se anule o indivíduo para se constituir a humanidade, mas que se crie a percepção de fraternidade, aquela que vê o outro como o igual, como sendo da mesma família. A solidariedade é uma forma de ação política. Mas é preciso qualificar a ação política, por isso, o terceiro pilar é conectado, mas não é idêntico, sendo uma *cidadania ativa*. Embora a solidariedade seja uma atitude, que tem uma intenção, um movimento, essa ação, política é muito mais do que uma mera intenção. Ela é uma ação de estudo e de estruturação no cotidiano, portanto, uma consciência das razões pelas quais faço o que faço e das razões que fazem com que eu faça o que faço, mesmo que eu não saiba por que estou fazendo.

O filósofo húngaro György Lukács fazia a distinção entre classe social em si e classe para si. Aquilo que faço, faço por quê? Será que tudo o que faço, como docente, sei por que estou fazendo? Ou estou cumprindo um propósito que desconheço? Na ação dentro da comunidade, portanto, dentro da ação política, tenho clareza sobre ela, debato isso? Qual a intenção por trás daquilo que faço? A quem eu sirvo com aquilo que faço? A quem dessirvo? Contra quem estou fazendo o que faço? Pode-se dizer: "Mas se é contra quem, onde está a solidariedade?". Solidariedade não é aceitação de qualquer coisa. Não é fragilidade de princípios. Solidariedade é a recusa ao estilhaçamento da ideia de humanidade fraterna.

Esses três pilares têm de aparecer no nosso cotidiano. A formação de valores de uma ética que se transmute em política, isto é, ação na comunidade, embasada por uma formação científica que nos auxilie a entender e a intervir no mundo de maneira mais eficaz.

Esses mesmos pilares também se aplicam à formação dos professores, apoiados em um desenvolvimento continuado no qual não se deve confundir informação com conhecimento, dado que aquela é cumulativa e este é seletivo. Por isso, a seleção de conteúdos, tanto para a formação docente quanto para a relação de ensino, precisa ter como critério a relevância social e histórica de saberes que, não sendo tão somente erudição, não se transformem em meros usos imediatistas e laborais.

CAPÍTULO 6

Paradigmas da tecnologia e a distração

As plataformas digitais hoje levam a uma aceleração do dia a dia, imprimem maior pressa ao que fazemos. O conceito de geração que, anos atrás, era de um espaço de 25 anos a cada nova geração, foi acelerado imensamente e nós já identificamos novas gerações num intervalo de dois ou três anos de uma para outra. Isso nos demanda cuidado para que a atividade docente não tenha precarização quanto à nossa competência e habilidade.

Por outro lado, o professor não é responsável exclusivo pela sua própria formação. O poder público e o poder privado precisam cuidar para que haja a consolidação de uma educação permanente nossa, de modo que se dê conta dessas novas gerações. Não é verdade que é obrigatório o uso de plataformas digitais no cotidiano da Escola como única forma de melhoria do trabalho. Um trabalho será bem feito se se souber fazê-lo. Pode ser bem feito sem computadores. E pode ser mais bem feito ainda com os computadores.

É preciso ponderar também que a tecnologia afeta o aprendizado tanto positiva quanto negativamente. As novas gerações, aqueles que têm menos de 18 anos, voltaram a escrever, como já refletimos. É uma coisa inédita nos últimos 30 anos e bastante positiva. Por outro lado, as novas tecnologias têm um aspecto perigoso: por permitir um acesso veloz, elas dispersam a atenção.

Por isso a Escola precisará, com a família, organizar situações de uso dessa plataforma naquilo em que ela é decisiva — acesso rápido à informação —, e bloquear o que nela é distrativo. A Escola e a família terão de trabalhar essa questão do foco. O ideal é balancear os meios digitais e analógicos, porque isso permite usar antigas plataformas de ensino a distância, como livros, jornais e revistas. Já se eu for fazer uma atividade externa e não quiser ficar carregando livros, o *tablet* é muito conveniente.

As plataformas digitais não são concorrentes, uma não derruba a outra, tal como o jornal não desapareceu com o advento da televisão, nem o rádio sumiu, nem o teatro foi ao fim com a entrada do cinema no circuito. Então, essas tecnologias são necessárias, mas, no uso em sala de aula, é preciso cautela, porque existem componentes que podem tirar o foco da construção de conceitos.

Vale lembrar que a primeira plataforma de ensino a distância foi o livro. Desde a sua invenção e a sua utilização nos últimos 2.500 anos, o livro permitiu que se fizesse ensino a distância, ou seja, que fosse possível levar aquilo que era conteúdo exclusivo de alguém para outros lugares, inclusive para a própria casa.

Portanto, não é que se deva retirar a tecnologia da Escola — isso seria uma tolice —, mas depositar na tecnologia a esperança prioritária de que isso vá elevar a condição do aprendizado é outra tolice de igual tamanho.

Há duas gerações convivendo na Família, na Escola, no Trabalho: os nativos digitais (com idade inferior a 30 anos) e os migrantes digitais. Essa convivência não é pacífica, pois promove um embate entre a informatofobia (o horror às novas tecnologias) e a informatolatria (a adoração das plataformas digitais). Ambas as posturas estão equivocadas; o mundo digital não deve ser demonizado, tampouco entronizado.

Não é a tecnologia que torna uma mente moderna. Mas uma mente moderna não recusa tecnologia quando ela é necessária — e ela o é em inúmeros momentos e não o é em tantos outros.

Muitas pessoas têm obsessão tecnológica e toda obsessão é doentia. Contudo, sem descartar a relevância das plataformas digitais, é urgente que eduquemos as crianças a fazer uso sem dependência. Alguns diriam ser impossível, por elas já "nascerem plugadas". Não é sempre assim; ofereça a uma criança, na areia da beira do mar, um baldinho e uma pazinha, e veja se ela não ficará horas brincando sem que precise transformar átomos em *bits*.

Os processos educativos escolares não devem se adaptar às inovações, mas integrar novas formas ao seu cotidiano. Adaptar é postura passiva, enquanto integrar pressupõe metas de convergência. As tecnologias mais recentes podem fazer parte do trabalho pedagógico escolar, desde que utilizadas como ferramentas a serviço de objetivos educacionais que estejam claros para a comunidade. Repito: tecnologia em si não é sinal de mentalidade moderna; o que moderniza é a atitude e a concepção pedagógica e social que se usa e, assim, uma mentalidade moderna lança mão da tecnologia por incorporar-se aos seus projetos, e não simplesmente por ser tecnologia.

Exemplo: atualmente, em vários locais há lousas digitais. Elas podem ajudar imensamente, desde que eu saiba o que estou fazendo. Se eu não souber, tanto faz se a lousa é com giz ou se é toda digitalizada.

Cautela! A área de Educação Escolar ainda não pode ser privada da capacidade de comunicação direta, de trabalho docente, da formação e, especialmente, do uso da mais avançada das tecnologias humanas, um dispositivo chamado cérebro. Ele é *wireless*, *bluetooth*, é reformatável, além de ser movido a carboidrato, proteína e açúcar.

Dessa forma, um paradigma que não se pode descartar nos tempos atuais é o de uma sociedade que tem uma presença muito forte do mundo digital. A novidade é que passamos a viver num mundo mais apressado que do que jamais foi. E algo que retomo é a confusão entre pressa e velocidade. Hoje não temos uma sociedade obrigatoriamente mais veloz — algumas coisas são mais velozes —, mas temos uma sociedade mais apressada. Apressada na relação, na pesquisa, no contato, na afetividade, portanto, uma superficialidade resultante desse apressamento.

O trabalho da Escola não será desconsiderar o mundo digital, ao contrário, mas a questão é como o incorporamos, de modo que não sobressaia seu caráter distrativo.

Um exemplo: há alguns anos, a partir de uma experiência na Inglaterra, se começou a colocar em grande escala computadores na sala de aula. As aulas passaram a ser trabalhadas de forma digitalizada com uso das tecnologias da informação e da comunicação (TIC). Hoje, nota-se um recuo em relação a essa medida. Não para tirar de sala de aula, mas para dar a justa medida, isto é, fazer um balanceamento melhor desse uso.

Com isso, parte dos docentes está voltando a dar a aula expositiva. O mundo digital é acessado para pesquisa, para a comunicação mais veloz entre as partes de uma sala, para organizar um blog que leve à extensão de determinado assunto, mas a aula dentro da sala, que exija a compreensão de conceitos, voltou a ser expositiva — que é uma prática antiga, mas não é velha. Aquela em que o professor, inclusive, escreve enquanto fala, ele pode fazê-lo numa lousa digital, pode fazê-lo num retroprojetor ou numa lousa comum. Há várias Escolas que estão retomando essa lógica até por uma razão de natureza de aprendizado: nós, na condição de aprendentes, focamos mais quando alguém escreve alguma coisa, vamos acompanhando a escrita e nos detemos mais sobre aquilo.

Hoje, a sucessão de imagens que a fonte digital emite, com tamanha fragmentação da percepção, que ela distrai. Um exemplo: há 20 anos, quando alguém ia mostrar um álbum de fotos, ia se detendo sobre elas pouco a pouco. E os comentários iam surgindo. Agora, a pessoa pega o celular e com o dedo vai passando numa velocidade tal, que não permite fruir nenhuma das fotos.

Aliás, a própria ideia de fotografia vem sendo colocada em xeque, à medida que, não sendo registrada na plataforma papel, vai deixando de ser objeto de contemplação para se tornar objeto de reserva. A pessoa guarda, quer ter a foto, mas não a olha. Isso vale também no campo da informação. Há quem queira ter a informação disponível, sem necessariamente usá-la. Há pessoas que, até alguns anos atrás, guardavam recortes de jornais, dos cadernos culturais de domingo, para ler "um dia". E iam acumulando pilhas e pilhas até que, no dia da mudança ou do falecimento, acabavam descartadas.

O que o mundo digital oferece como imensa contribuição? Simultaneidade, mobilidade, instantaneidade e, em várias situações, também velocidade. O que ele traz de dificuldade? Falta de profundidade, fragmentação da informação e um componente distrativo. Professores, hoje precisamos, antes de iniciar uma reflexão, uma aula, procurar o foco. A palavra central é foco. E qual é o foco? Foco de interesse. Porque essa fragmentação do interesse leva todo mundo, o tempo todo, a todos os lugares, sem estar vinculado em nenhum dos passos, por isso, é necessária a construção do foco.

Se eu sou um professor que vou ensinar, por exemplo, algum tema do Império Romano ou algo relacionado à resistência de materiais no campo da Física, terei de criar, num primeiro momento, foco — antes mesmo de lidar com qualquer forma de expressão. Como vou trabalhar resistência de materiais com os alunos? Como crio foco? Um dos conceitos de resistência de materiais é o de resiliência, que é usado na área social para falar de pessoas que, em situações de absoluta penúria ou dificuldade, não perecem, persistem. Eu posso trazer uma discussão sobre o que é resiliência em relação a um consumidor de *crack* nas metrópoles. E, ao se criar o foco naquela questão, porque pulula no cotidiano, posso ir em busca do conceito, que é mais abstrato, e puxá-lo. Para isso, o professor tem de ser preparado nessa área, é um projeto pedagógico da Escola e não daquela disciplina. Se eu vou falar do mundo romano, posso trazer à tona a questão do calendário e perguntar ao jovem na sala de aula por que o mês de "setembro" é o de número nove, em vez de sete, por que "dezembro" é o mês 12, em vez de dez. E, a partir dessa percepção, lidar com a organização do calendário juliano e criar outras noções que vão estabelecendo pontes.

Hoje, o mundo digital, especialmente a *web*, é hipertextual. E uma aula tem de ser hipertextual. Ela parte de um momento do cotidiano, cria o foco, e vai em direção a vários pontos e ao abstrato.

A estratégia é partir do já sabido para chegar ao não sabido. Sem deixar de lado esse mundo da tecnologia que nos apoia, mas também não tomá-lo como exclusivo, como sendo de natureza salvífica, não supor que o jovem só se interessa por aquilo que é eletrificado.

Além de incorporar, a Escola precisa olhar o mundo digital não apenas como uma base ferramental. A tecnologia não é só uma ferramenta, ela cria um novo paradigma de compreensão da vida, uma nova forma de estabelecer relações, de debates, de construção. Paulo Freire morreu em 1997 e não teve tempo de conhecer as redes sociais — o Orkut e o Facebook são de 2004 —, mas ele começou a escrever sobre o quanto esse mundo digital que estava chegando realizava uma das maiores aspirações dele: a construção coletiva do conhecimento, isto é, a elaboração em rede, a capacidade de trazer o saber da comunidade, de maneira que ele tenha um nível maior de adensamento e vigor.

Como fazer para o jovem não sofrer os efeitos deletérios dessa fragmentação? É preciso buscar um foco. De onde eu parto o foco? Daquilo que está ligado ao cotidiano dele, daquilo que é mais recente, daquilo que estava na novela, daquilo que aconteceu num evento, portanto, eu ligo com o agora, abro várias fontes que possam permitir essa hipertextualidade, e depois vou cercando dentro de uma área conceitual que seja mais abstrata.

Entre o empírico (aquilo que está no dia a dia) e o abstrato (o conceito), a ideia tem de passar pelo concreto (aquilo que faz sentido).

CAPÍTULO 7

Tecnologia, aprendizado e profundidade

Em maior ou menor escala, a tecnologia invadiu a sala de aula. Mas isso não significa necessariamente que o desafio do professor tenha mudado. Antes, na aula de Filosofia, de Matemática, de Biologia, quando o aluno ficava desenhando no caderno no fundo da sala, com a cabeça em cima da mesa ou lendo uma revista dentro do livro, qual era o motivo daquele comportamento? A aula que estava sendo dada. A diferença é que a tecnologia atual oferece uma multiplicidade maior de distrações. E o professor não pode ficar vigiando e supervisionando se o aluno está de olho no celular. Nem teria essa capacidade, inclusive porque o aparelho pode estar no colo, dentro de um livro, escorado na carteira da frente. O professor vai bloquear isso? Não. Como vai dificultar? Dando uma aula que tenha conexão com o aluno, senão ele a deixa de lado.

Hoje algumas Escolas estão fazendo algo que pareceria inusitado: criando alternativas para serenar as crianças antes do início das atividades. Quando ficamos o tempo todo conectados ou recebendo estímulos, privamos o nosso cérebro de repouso. Com essa agitação do cotidiano, a criança chega à Escola, em qualquer dia da semana, acelerada, com fone de ouvido, escutando música que a deixa em estado de atenção e tensão.

O nosso estado de atenção se instala a partir do cortisol, e um dos seus gatilhos é disparado pela luz. Muita gente tem dificuldade para dormir porque fica recebendo a iluminação da TV ou do *tablet* que leva para a cama. Esse estado de vigília contínua impede que repousemos adequadamente. Isso prejudica o conhecimento. Claro que não é o caso de dizer "então deixemos a TV e os *tablets* de lado". A proposta é compor uma harmonia entre as nossas necessidades de atenção e foco com o uso daquilo que pode nos beneficiar.

É fato que essas ferramentas não existiam até algumas décadas. Eu, por exemplo, ia para a Escola olhando passarinho, parando para ver formiga trabalhar, era uma coisa um pouco mais calma... O que fazer hoje? Começar a aula explicando a diferença entre o adjunto adnominal e o complemento nominal? Não.

Algumas escolas, assim que as crianças chegam, até os 12 anos de idade, pedem para que elas deixem os aparelhos, diminuem a luminosidade na sala e são feitos exercícios de respiração. E isso dá uma acalmada.

A criança chega tão desperta num determinado momento que, na sequência, vem a sonolência pela privação de um repouso de fato regenerador. Qual o problema que nós temos? Crianças e jovens ficam até muito tarde com as suas tecnologias, portanto, têm um tempo menor de sono. Podem levar seus equipamentos para a cama, inclusive porque os pais não estão ali para controlar, ou eles mesmos estão com os seus aparelhos e um se distrai do outro. E, em relação a estudantes na faixa de 14 anos, nós temos um paradigma que precisa ser quebrado, que é o horário das aulas para o Ensino Médio. É contraproducente iniciar as aulas às 7h e finalizar às 12h30 para adolescentes de 14, 15 anos. Por uma questão hormonal, esse horário funciona para o Fundamental, mas não necessariamente para o Médio.

Qual era a grande encrenca até alguns anos? Que o aluno ficasse acordado em sala de aula. Agora ele chega em estado de absoluta alucinação, com o olho estalado. Ele vai estar atento? Se eu começar a falar de Filosofia e fizer uma discussão sobre epistemologia do realismo clássico ou a expressão sincrética do paroxismo ontológico em Parmênides ele vai olhar? Claro que não. Mas ele está desperto. Só que o nível de estresse que ele está vivendo é tamanho, que leva a um esgotamento.

Depois de algum tempo do início da aula, como não estará sendo estimulado do mesmo modo que estava por aquele tipo de fonte, ele entra em queda de atenção e dorme, porque o cansaço bate. E nós temos de enfrentar esse cansaço advindo do esgotamento tecnológico, uma espécie de estafa digital. Como o professor deve levar isso em conta? Terá de adotar metodologias que levem a uma certa serenidade para o início do trabalho e alternar situações que exijam uma maior atenção àquilo que está sendo ensinado com algumas atividades que não deixem o aluno sozinho naquela situação. Pode ser, por exemplo, um trabalho em grupo ou um debate de 5 minutos.

Precisamos considerar que dar aula de 7h30 às 9h é diferente de fazê-lo de 9h30 às 11h. O nível do despertar das pessoas é diferente. Há fatores biológicos que influenciam na dinâmica do aprendizado. Não é de bom senso entrar na sala de aula às 14h e supor que as pessoas estarão absolutamente atentas depois de terem se alimentado.

Mesmo que o intervalo seja formalmente às 15h30, precisamos entender a necessidade de dar uma parada de três minutos após meia hora de aula. Nesse pequeno intervalo, vale pedir para que os alunos levantem e se movimentem um pouco para lidar com os efeitos da alcalose pós-prandial, que é maior taxa alcalina na circulação do sangue, e que deixa as pessoas sonolentas. "Ah, mas não posso fazer isso porque não está na regra." Nesse caso, se estará enfrentando a natureza à toa. Por isso, há uma série de desafios que são novos.

É necessário pensarmos sobre os novos paradigmas, inspirados pelo que disse o físico alemão Albert Einstein: "Tolice é fazer as coisas sempre do mesmo jeito e esperar resultados diferentes".

O que eu posso fazer hoje que se fazia no passado? A autoridade docente não envelheceu. Se sou o responsável por aquela atividade, se sou o responsável pelo aprendizado daquelas pessoas, preciso ter consciência da minha autoridade: isso é antigo, mas não é velho. Outra coisa que é antiga, mas não é velha: aula expositiva. A possibilidade de eu descrever uma sequência conceitual, fazer com que as pessoas anotem, façam reflexão em torno da temática. Isso é antigo, mas não é velho. O que é velho? Uma aula que seja somente expositiva. Aquela que não abra outras portas, utilizando as plataformas para continuar a reflexão. A avaliação usando exclusivamente a memorização. Isto não faz mais sentido. Outra velharia: usar a avaliação como instrumento de disciplina. A avaliação tem a finalidade de reorientar o aprendizado e o conteúdo. No passado não muito distante (e muitos ainda o fazem), quando a classe começava a bagunçar, o professor dizia: "Guardem todo o material. Prova, sem consulta." Qual o sentido dessa frase? Que a avaliação servirá como instrumento de autoridade e controle, o que muda completamente a lógica da avaliação.

Precisamos, de maneira criteriosa, distinguir o que é antigo do que é velho.

Com o mundo digital, a informação que antes ficava armazenada numa biblioteca, por exemplo, hoje pode ser acessada em poucos cliques. Mas *informação disponível não significa necessariamente informação qualificada.* Essa relação com a informação e com o conhecimento é outro paradigma no horizonte do educador do século XXI.

Se eu pedir uma pesquisa sobre células diploides, o aluno pode até trazer alguns parágrafos que capturou do Google. Como docente, posso admitir aquilo como ponto de partida, mas eu preciso trabalhar com ele o aprofundamento de alguns aspectos para ele não imaginar que a rede mundial — que é uma ferramenta magnífica para acesso à informação — seja suficiente. Proíbo o uso do Google? Claro que não. Pois se eu uso, por que o faria? Confio na enciclopédia digital? Não de forma completa, pois se ela é uma plataforma volátil, sujeita a várias interferências, é menos passível de crivo.

A preocupação não é só com a superficialidade da informação, mas também com o nível de veracidade que ela carrega. A plataforma papel, livro, tem um nível de confiabilidade maior à medida que tem uma permanência mais extensa. Ela pode ser mais checada e é objeto de maior confiança, porque pessoas para escreverem um livro passam por uma série de crivos. Dentro da comunidade acadêmica, supõe-se que tenha sido objeto de análise de pares, ainda que isso escape em algumas situações.

No mundo digital, a possibilidade de uma verificação mais intensa por vezes fica em desvantagem em relação à velocidade com que conteúdos são publicados. Até existem alguns cuidados, o Google, por exemplo, vez ou outra coloca avisos, a Wikipedia adverte que determinado texto carece de fonte, mas, tamanha é a idolatria em relação ao mundo digital, que o número de pessoas que de fato leva isso em consideração ainda é muito pequeno. E a Escola precisa introduzir não a desconfiança, mas a visão crítica em relação a qualquer fonte de conhecimento. Seja plataforma papel, seja digital.

Uma visão crítica não é uma recusa, é uma visão de uma suspeita metódica. As pessoas que leem bastante captam equívocos com facilidade. Eu, por ter lido muito Machado de Assis, Eça de Queirós, Clarice Lispector, às vezes vejo uma frase a eles atribuída e percebo que não tem nem o estilo desses escritores. E como tenho o gosto de checar, a tecnologia digital também é uma aliada nessa tarefa.

Essa tecnologia apresenta várias faces. Por exemplo, hoje um aluno tem facilidade de copiar conteúdos que estão na internet para um trabalho que esteja fazendo. Mas também ficou mais fácil eu checar se se trata de uma cópia. Há programas para nós, professores, em que eu insiro a frase do aluno e a rede aponta de onde veio aquilo. Há programas que facilitam a peritagem para aquilo que pode ser pilantragem.

Quando não havia esse mundo digital, como eu, docente, fazia para corrigir um trabalho e notar se ele não houvera sido copiado? Para o aluno do Fundamental era fácil observar pelo modo de escrita, pelo uso da sintaxe. Para alunos do Ensino Superior era um pouco mais difícil, porque um adulto tem mais experiência. Como eu checava? Cada um de nós tem um estilo de escrita que não muda tanto, a menos que o gênio seja um Fernando Pessoa. Nossa sintaxe tem um padrão individual. Há pessoas que na hora do emprego de pronomes usa ênclise, outras se inclinam mais à próclise ou à mesóclise. Quando alguém usa num parágrafo uma construção que tenha uma disparidade de colocação pronominal, dá para perceber que aquele trecho tem outra autoria. Hoje o mundo digital me dá meios para fazer a verificação.

Há uma crença muito grande na internet, o livro também o teve. Várias vezes, no início da minha carreira docente, eu fazia uma brincadeira que aprendi com um professor. Eu falava em sala de aula que era preciso sacralizar o livro para depois dessacralizá-lo. Pegava o livro e colocava sobre a mesa e tínhamos de fazer aquele sinal clássico de adoração com os braços em direção ao livro. Porque a melhor maneira de afastar fantasmas é acender a luz. É necessária a formação do docente também para essa leitura crítica, e a suspeição metódica em relação a essas fontes.

Tanto o professor quanto o tutor (no meio digital) têm de ser promotores do encantamento com o conhecimento; há necessidade de sólida base científica, da formação de cidadania e da solidariedade social. Cabe ao docente presencial ou virtual estimular o desenvolvimento da autonomia dos alunos na construção do conhecimento a partir das informações partilhadas (sem informatofobia, nem informatolatria). Cabe especialmente ao docente virtual estruturar mecanismos que alimentem a persistência discente, pois a desistência paulatina é expressiva e assustadora nessa modalidade de ensino.

A frase mais óbvia em Educação é: "Ninguém deixa de se interessar por aquilo que interessa". Vale insistir no paradigma: é preciso saber quais são os campos de interesse dos nossos grupos de estudantes. Por exemplo, se eu for discutir o cinismo como escola filosófica, por exemplo, posso pegar a música *Poker face*, da Lady Gaga. Porque "cara de pôquer" quer dizer "cara de cínica". E pedir aos alunos para começarem a estudar o que é cinismo. De onde vem a palavra "cínico"? Vem de "cachorro". Quem gosta de cachorro é chamado de cinófilo. A palavra "cinismo" também vem de "cachorro" e o aluno vai percebendo a ligação. Por que se diz que tem a ver com cachorro? Porque se dizia que esse grupo de filósofos vivia como cães. E que se inclinava para lá e para cá, porque o cachorro é o mais leal dos animais domésticos, mas é o mais interesseiro também. Ele vai para o seu lado abanando o rabinho, se esfregando em você, de acordo com o interesse que ele tem.

Aí eu começo a agregar outros elementos e vou para a Filosofia. Explico que a Escola Cínica nasceu em Atenas, a partir de um grupo de homens, cujo principal representante era Diógenes Laércio. Ele considerava que o homem para viver não precisava de mais nada, exceto do próprio corpo. Tanto que Diógenes Laércio vivia nu pela cidade de Atenas, pois achava que só o corpo dele bastava para ser livre e que era absolutamente fundamental prezar pela sua liberdade. A propósito, conta-se uma história magnífica sobre Diógenes. Quando Alexandre Magno, o homem mais poderoso na Antiguidade, no século IV a.C., visitou Atenas e ficou parado conversando com Diógenes. "Eu sou Alexandre Magno, grande general macedônico, você é um pensador morando num barril, peça o que quiser que eu lhe darei." Ele disse: "Se você puder se afastar um pouco, porque está cobrindo o sol, que é uma coisa que você não pode me dar".

Sabe qual personagem ele inspirou? O Chaves, do seriado de TV. Isso é sério. O Chaves é livre, não tem nenhuma propriedade. A única coisa que ele tem é ele mesmo. E ele é cínico, tanto que vai com qualquer um. Basta observar, na vila em que o Chaves mora, não existem animais de estimação. É ele o animal de estimação. Ele fica vagando de um lado para o outro. E o mais livre do local é ele, porque é o único que diz o que pensa. Pois bem, qual a principal chave filosófica do cinismo na Grécia? "Foi sem querer querendo."

Que o comediante Roberto Bolaños copiou para fazer o Chaves. A partir desse tipo de conexão, se eu disser durante a aula: "Leiam sobre Diógenes", os alunos irão.

Esse é um exemplo. Mas o fundamental é ter consciência de que eu preciso entender que, se o aluno gosta de Lady Gaga, é porque encontra nela algum tipo de emoção. E se eu tiver a capacidade de aprender qual a emoção que ele encontra ali, conseguirei criar uma ponte para ensinar Platão, Aristóteles, Heráclito, Parmênides...

Um outro caminho: o maior prazer que o ser humano tem, em qualquer momento de sua história, é falar sobre si mesmo. A coisa mais gostosa que tem é quando você senta do lado de alguém e diz: "Conte um pouco sobre você" (tem gente a quem nem é preciso pedir).

Por que estou falando isso? A pessoa só adquire o gosto por ler, se adquirir gosto por escrever e vice-versa. E a melhor coisa para se começar a escrever é pedir para a pessoa contar a história dela. Não estou me referindo ao chavão de pedir uma redação com o título de "minhas férias", mas "escreva um pouco sobre você". Algumas pessoas que gostam de ler, quando crianças, faziam diário, que é uma coisa que voltou em certa medida, como escrevi antes, com os blogs.

Nós já temos as portas abertas. A questão é que nós precisamos olhar com quem estamos lidando. Significa que eu preciso conhecer um pouco mais sobre o que ele, aluno, gosta e por que gosta. Não é para saber o que ele gosta para ficar ali mesmo; é para partir do que gosta para chegarmos ao que é preciso chegar e foi planejado.

E depois pedir a ele sugestões de temas e indicar um livro para ele estudar e, neste ponto, o processo já está deflagrado, isto é, começa a mobilizar a atenção do aluno a partir de elementos que pertencem ao seu universo.

CAPÍTULO 8

Geração do agora e o cotidiano reconfigurado

Como já mencionei, boa parte dos nossos alunos é do século XXI; nós, professores, somos do século XX, e os métodos são do século XIX. Existem, portanto, três séculos em colisão. Os educadores se veem diante da chamada Geração Z, que sucede à Geração Y e carrega uma série de características — algumas delas ainda em processo de compreensão — que a diferencia das anteriores.

Curiosamente, a utilização de letras, especialmente do final do alfabeto, para definições de gerações nos últimos 40 anos, foi algo meramente casual.

Aqueles que nasceram depois da Segunda Guerra Mundial, sobretudo nos Estados Unidos, foram chamados de *baby boomers*, uma referência aos que vieram depois da explosão de bebês que o fim da guerra trouxe. Afinal, o mundo entrou em guerra na qual morreram 55 milhões de pessoas. Numa espécie de contraponto, veio na sequência uma série de movimentos numa busca por uma vida com mais alegria. Nessa esteira, a sexualidade veio à tona, o *rock*, depois o movimento *hippie*, ou seja, vários eventos que encantaram a vida de outra maneira. E a geração que veio depois dos *baby boomers* — isto é, formada por aqueles que nasceram após os anos 1950 — precisava de uma denominação e se usou uma classificação genérica, o X, por isso ela foi chamada de Geração X. Usado em equações, o X preenchia uma lacuna para indicar que algo ali estaria. Como a expressão Geração X acabou se consagrando, o desdobramento natural foi continuar na sequência do alfabeto e chegar-se a Y e Z.

A Geração Z tem grandes pontos positivos: instantaneidade, velocidade, senso de urgência. E tem um ponto negativo muito evidente, que é a ausência de paciência. Paciência não é lerdeza. Paciência é capacidade de deixar maturar, seja uma ideia, um afeto, um projeto, um negócio, um estudo. Isso significa que pressa é diferente de velocidade. Fazer velozmente é uma habilidade. Fazer apressadamente é um equívoco. Desse ponto de vista, algumas dessas formas de antecipação, de precocização, acabam gerando uma ausência de maturidade em alguns processos. Daí, um dos exercícios a ser feito é o da paciência.

O papel do educador é fazer com que os jovens da Geração Z se motivem a entender que escolarização é um pedaço da existência dele e que Educação é a vida inteira. Na Escola, o aluno tem vivência, relacionamento social, aprendizado em relação a valores, solidariedade social, capacidade de acesso ao conhecimento letrado.

O desafio é fazer com que o jovem entenda que a motivação não é algo que vem de fora. Como diz a frase: "Motivação é uma porta que abre de dentro para fora". Não é possível motivar alguém, mas pode-se estimulá-lo para que ele se motive. E, portanto, que ele mesmo abra essa porta.

É preciso modernizar os processos. E isso não vem apenas com tecnologia. A internet é um estupendo meio de acesso para se começar uma pesquisa. Não pode ser, de maneira alguma, aquilo que uma biblioteca oferece, que é a capacidade de adensar o conhecimento, pegar um livro, ir e voltar, manipulá-lo.

O livro exige outro modo de comunicação e aprendizado, pois carrega uma obrigatoriedade de atenção que é ainda maior, impossível de ser substituída.

Mas há que se ponderar que existem nuances, mesmo quando se classifica pessoas de uma mesma contemporaneidade. Uma coisa é ser Geração Z no Brasil, outra coisa é sê-lo no Marrocos. Uma coisa é ser Geração Z numa metrópole, outra coisa é num município do interior. Uma coisa é ser Geração Z numa cidade, outra coisa é sê-lo no campo, no meio rural, o que, portanto, altera a definição, embora haja algumas características comuns.

No mundo rural, a presença do mundo digital é mais rarefeita. Não existe ainda ali um contato contínuo, cotidiano, com essa digitalização da vida. Portanto, aquilo que o mundo digital carrega, que é a instantaneidade, simultaneidade, mobilidade, não aparece necessariamente do mesmo modo dentro da área rural. O jovem da cidade dessa Geração Z tem essa vantagem do senso de urgência e a desvantagem da incapacidade de ter muita paciência. Já na área rural, o jovem da Geração Z tem menor familiaridade — o que não é tão bom — com algumas plataformas digitais que ele vai precisar utilizar no dia a dia. Isto é, não fica tão perto do que ele tem de usar e não tem tanta vivência. Mas ele tem um ponto positivo, que é uma paciência maior. Ele tem a percepção de que as coisas têm um tempo para crescer, que a borboleta não pode sair do casulo antes da hora, que não se pode apanhar uma laranja antes que esteja no ponto (a menos que se artificializem esses processos).

O principal desafio é fazer com que essa capacidade de ter paciência não se distancie das formas de tecnologia que hoje fazem crescer as competências. Isto é, que estar na área rural não se transforme em isolamento.

Vivemos em um mundo marcado por uma insatisfação acelerada e por uma ansiedade muito grande. A nós foi anunciada uma possibilidade de futuro: a ideia de que teríamos uma trajetória que não só ia em direção ao futuro, como também era marcada pela obsessão evolucionista de que "amanhã vai ser melhor". Era como se dissesse: "Pode deixar, hoje você padece, enfrenta algumas dificuldades, é atropelado por algumas atribulações, mas fique tranquilo, o futuro brilhará". Aliás, a expressão que alguns de nós ouvíamos era: "O futuro é radiante." Essa expressão, que foi extremamente forte para vários de nós por anunciar sempre um horizonte promissor, hoje não é tão nítida no dia a dia de uma parte das crianças.

Quem não for da área de Educação Infantil talvez desconheça, mas professores e professoras que atuam no Ensino Fundamental, na Educação Básica são, muitas vezes, o único adulto que põe a mão na criança durante o dia. Inclusive, porque na vida veloz do nosso cotidiano, somos a primeira geração de adultos, nas médias e grandes cidades, a sair de casa mais tarde que os filhos. Nas metrópoles, de maneira geral, as crianças entram na van, no ônibus, às 6h15, 6h30, e os pais saem às 7h15, 7h30. Em algumas cidades, ainda é mantido o costume de o pai ou a mãe levar o filho para a Escola.

Durante séculos na história humana, especialmente no Ocidente, os adultos acordaram as crianças. Encostavam a mão e diziam: "Filha, está na hora da escola, levanta". Ela acordava, sentava na beira da cama e ficava. Aí, voltava-se lá e acordava outra vez, fazia tomar banho, vestir a roupa da escola. Hoje, a criança dispõe de uma tecnologia automática para ser acordada. A criança com 9 ou 10 anos de idade utiliza o celular ou o aparelho de som para despertar, e de forma extremamente regrada. E, se pertence a uma família de classe média ou superior, o único adulto que ela encontra no cotidiano é aquele ou aquela que presta serviço a ela dentro da casa. Que, aliás, com quem ela se habitua a caminhar, e a mandar, desde cedo. É aquela pessoa, normalmente uma mulher, que tem a tarefa de ser empregada doméstica que, muitas vezes, leva a criança até a Escola ou até o veículo que vai conduzi-la.

Essa criança que acorda sozinha, às vezes, faz a própria higiene sem ter alguém ao lado, e não conta com ninguém para conferir como está vestida, ela se troca e sai. O café da manhã dela nem sempre coincide com o horário dos adultos. O único adulto, insisto, com que ela toma contato normalmente em casa é a pessoa que trabalha na casa dela. Para quem ela dá ordens e com quem ela mantém uma relação de autoridade ou de hierarquia.

Quando ela chega à Escola, encontra outro adulto, o professor ou a professora, que decide dar ordens a ela. Isso produz um confronto muito forte em vários momentos. Hoje, algumas dessas crianças, aos 10 ou 12 anos de idade, estão chegando ao ponto de, durante uma discussão em sala de aula, virar para nós e, com o dedo em riste, dizer: "Eu pago o teu salário". Como se a nossa relação fosse mediada pelo Código do Consumidor. Como se a relação de autoridade docente

— não o autoritarismo docente — fosse mediada por um contrato. É claro que isso traz distúrbios na relação. Imagine: essa criança que, em grande parte, não tem convívio cotidiano com os pais — esse convívio é muito remoto, quando muito, é controlado de forma eletrônica por telefone ou a relação é um pouco distante — acaba encontrando na Escola um espaço onde ela tem convivência com os adultos, mas onde ela tem também algumas regras.

A própria relação de convivência em casa foi alterada. Vamos recordar como era um apartamento de classe média há 30 anos. O que ele tinha? Sala, dois ou três quartos. O que havia na sala? Um aparelho de TV, sofá, às vezes, a mesa de refeições, ou seja, havia um lugar de convivência. O que tinha no quarto? Cama, guarda-roupa e, às vezes, um rádio. O adulto chegava do trabalho, às 18h30, às 19h, no máximo (houve um tempo na história da humanidade em que chegávamos nesse horário), passava pela sala, ia para o quarto, colocava uma roupa mais confortável e voltava para a sala. O que se fazia na sala? As pessoas se encontravam, conviviam, às vezes discutiam, brigavam, porque era uma televisão só, um queria ver uma coisa, o outro queria ver outra, o outro mandava abaixar e assim por diante. Mas era uma estrutura de convivência e, como toda convivência, havia conflito.

A questão é que, nos últimos 30 anos, com o avanço aceleradíssimo da tecnologia, o ausentar-se contínuo dos adultos para continuar sobrevivendo mudou a relação com esse espaço. O apartamento ou a casa passou a ter a seguinte configuração: sala, duas ou três tocas. O que tem na sala? A sala. Tanto que é um lugar em que as pessoas não vão, só quando tem visita, e desde que não seja amigo dos filhos. Se for um adulto, ele fica na sala. A sala está sempre arrumada, até as almofadas estão no lugar, o que é uma coisa estranhíssima, porque é um espaço de convivência. O que tem no quarto/toca? Tem TV, DVD, aparelho de som, cama e computador com internet. Hoje, um chega às 19h30, passa pela sala, vai para toca e fica. O outro chega às 20h30, passa pela sala, vai para a toca e fica. O outro chega ainda mais tarde, passa pela sala, vai para a toca e fica...

Qual seria o único momento de essas gerações se encontrarem? Na hora da refeição. Mas uma "diabólica" invenção que se popularizou em larga escala há 20 anos permite que cada um coma na hora que quiser, de preferência, dentro da toca. Antes, a refeição que tinha de ser esquentada de uma vez só, hoje, com o micro-ondas, pode ser aquecida no momento em que desejarmos. Aliás, qual o discurso por trás disso? Liberdade. "Meus filhos são livres, eles se viram." Claro que se viram. O que precisa ser observado é qual o impacto disso na vida deles.

Dentro dessa nova lógica de relacionamento, qual o local de encontro de uma comunidade dessas em que adulto se encontra com criança, se for da mesma família? O shopping center. "Vamos ao shopping."

Essa comunidade em deslocamento se encontra dentro do carro, durante determinado momento, e depois se separa dentro daquele lugar. Inclusive, ela entende que as relações têm de ser rápidas. Por exemplo: tudo é *fast*. Inclusive a alimentação, com o *fast-food*, que é uma coisa estupenda. Faz com que, por exemplo, uma família seja capaz de sair, comer e voltar em 15 minutos — e entender isso como qualidade de vida. Pai, mãe e filhos encostam no balcão e escolhem a comida pelo número, que é uma maneira em que se está dispensado de raciocinar. É prático.

Cuidado, porque nem sempre o prático é o certo, muitas vezes é só o prático. Aliás, é uma comida familiar, com o mesmo sabor aqui, em Cingapura, em Assunção, em qualquer lugar. É uma casa universal. Por isso que criança não dá trabalho em nenhum lugar, basta conduzi-la ao repasto universal. Chega e escolhe. Aí alguém entrega uma bandeja e escolhe-se um lugar para sentar onde quase não há ergonomia. Porque a ideia é de não permanência, que se consuma e saia, ganhando tempo. Tempo para quê? Para conviver? Para ficar mais junto? Essa é uma coisa tão forte, que hoje nós estamos sem tempo para a morte — e as crianças aprendem isso.

Outro exemplo, e, talvez quem for mais jovem não imagine, mas, há 20 anos, quando um amigo morria, nós parávamos tudo o que estivéssemos fazendo e íamos ao velório. Viajámos se fosse preciso. Ficávamos a noite inteira juntos. Hoje, se você recebe um aviso de que alguém faleceu, fala: "Ih, vou ver se eu dou uma passada lá". Aliás, a pessoa morre às 10 da manhã, se der, é enterrado até às 5 da tarde. Logo, teremos aqui o velório *drive-thru*. Já existem alguns na Califórnia. Porque é uma questão prática. A pessoa para o carro, põe a mão sobre o corpo, faz uma oração ou deixa registrado lá e vai embora. Isso não é brincadeira. O Brasil inventou, e essa é uma tecnologia nossa, um velório com *webcam*. A câmera fica sobre o caixão e os parentes e conhecidos podem acompanhar "o morto ao vivo".

O que criança tem a ver com isso? Criança hoje não é levada mais em velório. Os adultos acham que é preciso poupá-las. Cautela! Crianças não vão sendo preparadas para a perda, que é algo que faz parte da existência. Com a morte nós não nos conformamos. Mas nós nos confortamos. Ou seja, ganhamos força juntos. E esse é um dos sinais mais fortes de humanidade da nossa história. Quando alguém próximo falece, nós fazemos uma série de cerimônias, nos juntamos em torno daquele que perdeu alguém para que ele se sinta fortalecido. Hoje quase já não se vê isso. A criança não vivencia mais essa situação.

Qual o argumento? “Eu não quero que ela passe por isso.” Ah é? Depois, ela não sabe enfrentar perda. Às vezes perda de ano letivo, perda de trabalho, perda de pais que se separam, perda física de alguém e assim por diante. Parte delas inclusive se habituou à ideia de morte apenas no videogame, em que, quando uma personagem falece, é só dar o comando e reiniciar.

Mas na vida não é assim. A lógica é outra. Não estou fazendo nenhum tipo de menção de retorno ao passado, isso seria uma tolice. Estou falando de coisas que se perderam — e que não poderiam — e que ajudam a entender o mundo da criança hoje, o modo como ela percebe a realidade, e esse modo afeta muito a escolarização atual.

CAPÍTULO 9

A era da impaciência e o ensino

As crianças foram crescendo habituadas com a possibilidade de não precisar ter relações intensas ou duradouras. Alguns laços foram se esgarçando no tempo, e há um risco de desmontagem da capacidade de a criança conviver com outras gerações e, especialmente, da possibilidade de fruição da condição infantil. Há crianças, sobretudo das camadas sociais médias, que têm uma agenda semanal superior a de um executivo, no que se refere ao número de obrigações que precisam cumprir. Coloca-se para a criança com 8, 9, 10 anos de idade, que ela precisa fazer uma série de atividades para se preparar para o futuro.

Esse mundo da criança vem sendo afastado aos poucos da convivência dos adultos e, de outro lado, marcado por algo extremamente forte, que é o mundo da impaciência.

Por que uma aula dura 50 minutos? Porque é a capacidade de concentração da criança. Isso foi detectado no começo do século XX. A Psicologia fez um estudo na área de Educação para ver quanto tempo uma criança conseguia focar algo sem perder a atenção. Chegou-se à conclusão de que eram 50 minutos no período diurno e 45 minutos no noturno. Essa pesquisa foi refeita no começo desta década. O tempo médio que uma criança presta atenção em algo sem perder o foco é de seis minutos. Por que isso?

Porque tudo é *fast*, tudo é veloz. A linguagem, inclusive. A linguagem de videoclipe, a linguagem de conversa. Por que nos programas infantis de manhã os blocos têm seis minutos? A apresentadora fala, põe um desenho e, seis minutos depois, entra a publicidade. Vem outro bloco, dois desenhos, seis minutos e mais um *break*. Isso vai criando outra lógica para o ato de conversar, de conviver.

As crianças que cresceram nos últimos 15 anos passaram a usar uma ferramenta que produz um nível altíssimo de impaciência entre nós, que é o controle remoto. Vou contar uma coisa que quem é jovem talvez não imagine. Há 20 anos, quando os controles remotos estavam aparecendo, se eu quisesse mudar de canal, tinha de me levantar, andar até o aparelho de tevê e mexer no seletor. Aí voltava e sentava outra vez. Se quisesse mudar de atenção de novo, eu tinha de me levantar, isso dava um trabalho danado. Em compensação, ficava fixado em alguma coisa. Hoje, a impaciência é altíssima. Aliás, nós, adultos, somos assim e as crianças também. A pessoa pega na TV a cabo, põe no canal 3 e vai tuf-tuf-tuf... Chega ao último, volta, tuf-tuf-tuf... E reclama: "Não tem nada para ver". É um comportamento que produz efeitos fortes no nosso cotidiano. Um deles é a impaciência com o outro. Não há mais paciência para cuidar, para dar andamento a um diálogo, para prestar atenção.

Só por curiosidade, quantas pessoas no seu círculo de relacionamento têm um filho ou um neto que está estudando piano clássico? Dois? Talvez um? Atenção: nós vamos perder essa arte, ela vai desaparecer do nosso horizonte. Porque nós não temos mais essa paciência, nem eles. O pai chega para criança:

— Você não gostaria de estudar piano?

Ela fala:

— Quanto tempo?

— Nove anos, praticando todos os dias.

— Não quero.

— Tá bom, você que sabe.

Já imaginou falar para alguém hoje que ele terá de estudar nove anos para aprender a fazer uma coisa? E que ele vai ter de dedicar algumas horas por dia naquela atividade? Essa impaciência afeta bastante o mundo da criança.

Aliás, uma crítica muito frequente atualmente é que as crianças passam muitas horas com videogames, e que a maioria desses jogos é carregada de violência, reproduzindo guerras e mortes. Muitos se preocupam quanto ao efeito dessas situações apresentadas pelos *games* na formação dessas crianças. Estaríamos formando guerreiros? Onde ficaria o sentido ético e moral delas?

Não há nenhuma diferença entre o que os *games* colocam hoje e as histórias de La Fontaine, de Charles Dickens etc. Eu vou contar uma historinha que não tem nada a ver com videogame. Uma menina pequenina anda sozinha por uma floresta escura. Ela vai visitar a vovozinha dela. Só que essa vovozinha foi devorada por um lobo. E esse lobo, após comê-la, vestiu a roupa dela e ficou na cama esperando a menininha chegar... (olha que história afetiva, romântica!). Aí um grupo de caçadores encontra o lobo, abre a barriga do animal, o enche de pedra e o enfia dentro de um poço... Essa narrativa não tem um nível elevado de agressividade?

A questão não é o videogame em si, porque existem vários tipos desses jogos. Nós, quando crianças, tanto brincávamos de pular corda, que é uma coisa de grupo, quanto de queimada, em que a finalidade é bater a bola no outro com tanta força até que ele tivesse de deixar a partida. Nós somos capazes de jogar peteca, que é um esporte cooperativo, em que a finalidade é sermos capazes de mantermos a peteca no ar. E quem bate errado nela pede desculpa para a outra pessoa, em vez de se alegrar. Mas também disputamos uma partida de pingue-pongue, tênis de mesa, em que o esforço é para dar a cortada mais violenta que pudermos. Inclusive uma das grandes alegrias é quando a bola resvala na rede e o adversário do outro lado se estatela para tentar pegá-la. E um adversário fica alegre com a derrota do outro. O problema não é aquilo a que a criança está exposta naquele momento.

Mas se ela ficar exposta apenas a um tipo de conteúdo, pode sofrer uma deformação de personalidade. Ela pode ter contato com alguma história que tenha agressividade, mas também com narrativas de solidariedade, com *games* que visam à construção de cidades, de acampamento romano, com simulações que alimentem a ideia de edificação.

A questão central não é a exposição, é a exclusividade a essa exposição. Estar colocada numa única direção.

Quero lembrar que toda obsessão é doentia. Se seu filho fica 12 horas por dia vendo televisão, convém tratá-lo, porque ele está doente. Se ele fica 12 horas por dia no videogame, é recomendável procurar um apoio, porque ele está doente. Se ele ficar 12 horas por dia estudando, é necessário buscar ajuda, porque ele está doente. Toda obsessão é doentia. Um menino de 14 anos de idade que fica fixado numa única coisa — seja estudo, videogame, tecnologia — está com algum transtorno.

Quer ver um sinal de outra doença coletiva moderna? No domingo, famílias inteiras saem juntas de casa para comer comida caseira! A casa ficou distante de casa...

A partir dessa percepção, algumas pessoas já estão se mobilizando no sentido oposto. Um dia escrevi sobre a "despamonhalização do mundo", isto é, paramos de fazer pamonha, sendo que a finalidade não era apenas fazer e comer, mas, isso sim, ficarmos juntos por algumas horas, a pretexto da pamonha. Hoje, e ainda bem, já há famílias escolhendo fazer a pizza em casa, que é um pretexto para criar tempo de convivência. Isso tem impacto na formação das pessoas.

Há 30 anos, quem estivesse com vontade de comer pizza tinha de ir buscá-la. Há 25 anos, apareceram os serviços de entrega, por telefone, em que o pedido era atendido em até uma hora. Há 20 anos, passou a ser em meia hora e, hoje, não leva mais que 20 minutos. Entre a vontade de comer pizza e ela estar no prato são 20 minutos. E mais 20 para comer. Em 40 minutos, se esgota o tempo de convivência. Hoje, não só nas camadas médias ou nas elites, há um movimento de pessoas que estão convidando para comer pizza em casa. Alguns se prontificam a fazer a massa, outros compram os ingredientes, porque isso faz com que a ocasião de convivência se prolongue. Entre a vontade de comer pizza e consumir o último pedaço se passam três, quatro horas. Isso é sintoma de uma sociedade que deseja tempo de convívio.

Também conheço famílias que fazem a "semana sem micro-ondas", em que as pessoas combinam de fazer as refeições na mesma hora, o que pode gerar o desejo de repetir o evento com mais frequência, como também pode gerar atritos que afastem seus integrantes. De qualquer forma, é mais uma situação em que a ideia de convivência é colocada à prova.

Fora essas iniciativas, a Escola vem sendo uma das poucas situações do cotidiano em que se prova a convivência, em que as pessoas não ficam tão isoladas. Os pais e as mães dizem: "Meu filho fica a noite inteira no quarto dele ou no computador". O que foi em 2014 o rolezinho, se não a ideia de se juntar? As passeatas de junho de 2013 eram também a possibilidade de se juntar, a autorização para ficar junto na rua, um lugar até então interditado, não por causa da polícia, mas pelo risco da violência urbana. De modo que, quando houve uma manifestação autorizada — o que faz parte da democracia — todo mundo decidiu ir para a rua, retomar o espaço.

É claro que essa ausência de convívio leva o jovem e a criança a querer ficar mais com os amigos do que em sala de aula. Se o professor disser em sala de aula: "Não vou fazer chamada, fica quem quiser", pode ser que entenda o que é, na má prática, "ensino a distância". Porque é tamanha a necessidade do jovem de ficar com outros — para poder contar histórias, brincar, falar — que se essa possibilidade for aberta, ele vai.

A ansiedade de estar junto com outro jovem é para poder falar, para saber como lidar com os hormônios, para poder olhar o jogo da sedução ou, no caso da criança, para poder brincar. Como eles não têm locais para isso, a sala de aula fica parecendo uma jaula. Eles passam o tempo todo olhando o relógio, esperando o intervalo ou a hora da saída. E na hora da saída, eles não vão embora. Afinal, qual seria o outro lugar de encontro? A esquina? Não dá mais, a esquina virou lugar perigoso. O shopping? A segurança não deixa. Juntou um pouco mais de gente, a vigilância já gruda.

A Escola é hoje é um local de encontro. Pode-se argumentar: "mas antes já o era". Muito menos. Nós saíamos da Escola e ficávamos na esquina, no campinho, na praça ou no parquinho. Hoje, todos os lugares podem oferecer riscos. A própria ideia de casa, sem adultos, acabou se tornando um local inóspito, que faz querer dela sair o tempo todo.

Essa impaciência atinge a Escola, que é onde a criança passa uma parte significativa do seu tempo. Muitas pessoas dizem que a criança não gosta da Escola. Não é verdade. As crianças adoram a Escola, e retomo aqui um alerta que houvera feito no livro *A escola e o conhecimento*. O que elas têm alguma dificuldade é com as nossas aulas. Mas da Escola elas gostam bastante.

Segunda-feira, 7h10, a porta da Escola está repleta de crianças, alegres, correndo de lá para cá. Toca o sinal de entrada e vão todas quietas para a sala de aula. Entram lá, ficam sentadas e, na hora que toca o sinal do intervalo, é aquela alegria. Elas saem correndo, se abraçam, pulam. Tanto que é preciso colocar gente cuidando delas, senão elas se matam de alegria. Toca o sinal, elas voltam todas cabisbaixas. Aí toca o sinal para elas irem embora. Elas vão para casa? Não vão. Elas ficam ali, se a aula acaba mais cedo, elas ficam. É preciso organizar a saída, senão elas não vão.

No entanto, coloca-se um menino ou uma menina de 10, 12, 13 anos de idade, durante 6 horas do dia, sentado(a) num banco de pau, vendo alguém escrever com uma pedra em outra pedra, falando coisas "interessantíssimas", como os nomes dos sete primeiros reis de Roma, os quatro latinos e os três etruscos; qual a capital da Tanzânia, qual o peso atômico do bário, qual a diferença entre um adjunto adnominal e um complemento nominal, quais os afluentes das margens esquerda e direita do rio Amazonas, como se identifica uma mitocôndria, como se calcula a trajetória de uma bala de canhão — que são questões que "têm tudo a ver" com o cotidiano deles. E culmina toda essa jornada mandando ler (sem os encantar antes) *Amor de perdição*, do Camilo Castelo Branco.

Sabe o que eles querem fazer se puderem? Escapar. Existem lugares que têm portas para as pessoas não entrarem: teatro, cinema, estádio de futebol. E há lugares que têm portas para as pessoas não saírem: Escola, penitenciária e hospício. São locais onde as pessoas não têm necessariamente toda a adesão àquilo. Como a criança não pode escapar, o que faz? Escapa mentalmente. Não presta atenção, fica desenhando ou faz uma coisa que para nós, professores, é irritante: ela vai escorregando, escorregando na carteira...

Será que alguém precisa saber esses conteúdos? Sim, mas eles devem ser ponto de chegada e não ponto de partida.

É preciso tornar a sala de aula sedutora o suficiente para que ele não fique em estado de tensão, aguardando a hora do recreio ou da saída.

Por isso, não concordo com ideia de escolarização de tempo integral, mas sim com educação em tempo integral. Isto é, que o espaço escolar possa ser um local de encontro. Em determinado momento é a escolarização, em outro, é a música, o jogo, a conversa, a convivência — tudo de modo organizado, estruturado, protegido, seguro.

Muita gente quer escolarização integral não como projeto educativo, e sim como forma de deixar as crianças e os jovens detidos, sem atrapalhar o mundo adulto (que deles tem de tomar conta), e para que certas famílias fiquem livres da sua responsabilidade original...

CAPÍTULO 10

Vontades soberanas e disciplina afrouxada

Há muitas famílias atualmente que estão subservientes a seus filhos. Isto é, criando meninos de 10, 12 anos de idade que já são terroristas. Eles colocam a família como refém.

Certo dia, eu estava no aeroporto de Congonhas, em São Paulo, e fui pegar o carrinho de bagagem. Um pai, ao lado de um menino nessa faixa etária, fazia o mesmo. E o menino esbravejou:

— Eu não quero esse carrinho.

— Mas esse carrinho é igual aos outros — argumentou o pai.

— Mas eu não quero esse carrinho.

Eu pensei: "Vou parar e observar". O pai fez menção de puxar o carrinho e o menino gritou:

— Eu não quero esse carrinho!

O que o pai fez? Guardou o carrinho e pegou aquele que o menino queria. Pensei: "Meu Deus! Se esse menino, nessa idade, decide qual o carrinho de bagagem vai usar, em casa, ele provavelmente deve decidir onde a família vai almoçar, qual o filme a que se vai assistir, qual a música que se vai escutar".

Ele não terá noção de tempos, das fases de maturação e vai cair numa armadilha. Esse tempo de maturação é o que permite que se consiga dar os passos nas próximas etapas.

Há famílias que se acovardam em relação aos seus filhos, não colocam limites na disciplina do dia a dia. Onde isso estoura? Dentro da Escola. Por quê? Porque nós somos o primeiro adulto que dá ordem para ele. "Cadê o uniforme?", "Fez a tarefa?", "E o material?", "Tira o pé de cima da carteira". O que ele faz? Parte para cima. E a família? A família também está perdida em várias coisas. E por isso, reforço o alerta já feito neste livro: nós, da Escola no século XXI, temos de estabelecer uma parceria também com as famílias e fazer formação de pais e mães, porque uma parte deles está desorientada. No nosso trabalho deve constar a parceria com a família, porque ela não domina algumas coisas do dia a dia e fica refém.

Devido à competitividade, à necessidade da inserção da mulher no mercado, às distâncias entre moradia e trabalho nas grandes cidades, houve na sociedade ocidental uma diminuição significativa no tempo de convivência entre crianças e adultos, que não compartilham mais uma série de valores antes trabalhados.

O fato de os pais se ausentarem, seja por necessidade, seja por não darem prioridade a essa relação, faz com que adiem ainda mais a ida para casa. O que mais prejudica a formação é que os pais, ao encontrarem seus filhos, querem compensar a ausência com o atendimento de todas as vontades, acarretando na distorção entre desejo e direito. A criança e o jovem não criam um processo de conquista, pois recebem coisas instantaneamente.

Parte dos jovens hoje confunde desejos com direitos. E acha que tudo isso é muito óbvio. Um exemplo: há pessoas, com 40 anos de idade, que nunca foram a Porto Seguro, na Bahia. Mas o filho de 16 anos já esteve lá. Na formatura da Escola, o pai ou a mãe pagou caro para o filho passar uma semana na Passarela do Álcool. Ao buscá-lo, domingo à tarde no aeroporto, imaginando que o garoto vai sair "babando" de gratidão, o pai ou a mãe o abraça no saguão:

— E aí, filhão, como foi?

— Ah, normal...

— Mas estava gostoso?

— Legal...

Aquele tédio, tudo é óbvio. Tudo é fácil. Claro. Onde o esforço dele é exigido? Na Escola. Parte dos filhos da classe média não precisa arrumar a própria cama, não precisa cuidar das coisas da casa, a família contrata quem faça isso. Ele não tem esforço nenhum. Na Escola, a situação é diferente e ele encrenca conosco. Essa é uma questão relevante.

A sociedade ocidental atravessa hoje uma forte crise em alguns valores essenciais; há abalos cotidianos nos territórios da fraternidade, integridade e solidariedade. A perda do vigor de qualquer valor é negativa e, entre nós, ela surge toda vez em que há uma materialização excessiva da vida, uma perda de sentido da noção de coletividade e a exaltação de um egonarcisismo complacente.

Um menino ou uma menina de 14 anos de idade quer viver tudo o que pode ser vivido numa vida de 60, 70 anos. Tanto que vai para a balada e se acaba. O pai ou a mãe chega à noite em casa e encontra o menino de 15 anos de saída.

— Aonde você vai?

— Vou para balada.

— Mas você foi para a balada ontem.

— Mãe, pode ser a última balada da minha vida.

Uma pessoa de 15 anos de idade com uma visão dessas?

Ou então:

— Onde você está indo, filha?

— Vou acampar com umas amigas, numa cachoeira.

— Você está louca? Acabou de acampar agora no último feriado.

— Mãe, pode ser a última viagem da minha vida.

Essa falta de visão de tempo é uma questão com a qual precisaremos lidar na Escola. E teremos de fazê-lo na formação de valores éticos, de valores de convivência, porque, do contrário, o que se vive é a ausência de projetos, isto é, "eu tenho de viver o futuro agora com tudo, ao mesmo tempo, junto". E isso cria uma série de descompromissos.

Evidentemente, uma Escola precisa atuar no seu dia a dia com um apoio pedagógico que traga a possibilidade de entendermos que, de fato, estamos no século XXI. Não apenas porque mudou uma datação, mas por algo que é especial: a nossa capacidade de não ficarmos ultrapassados. Isso poderá ocorrer não por nos tornarmos antigos, mas se nós ficarmos velhos, isto é, se a nossa cabeça envelhecer.

Gosto de insistir, nem tudo que vem do passado precisa ser guardado e nem tudo deve ser deixado de lado. Muitos dos valores que tivemos no passado precisam ser revigorados; ser moderno não é abandonar o que já passou. O que temos de proteger e levar adiante chamamos de "tradicional", e o que temos de descartar e abandonar chamamos de "arcaico".

Assim, há valores tradicionais e valores arcaicos. Considero tradicionais aqueles que são universais (amorosidade, lealdade, integridade, disciplina, esforço honesto), esses precisam servir de referência para as vidas.

Uma das questões mais sérias hoje dentro do trabalho escolar é a lógica do afrouxamento da disciplina. E não apenas no sentido de comportamento, de conduta social. É disciplina como dedicação metódica à capacidade de estudo, de realização de uma tarefa. Há uma ausência da consolidação do esforço. Parte das gerações anteriores na escolaridade tinha na ideia de esforço algo que levava a ter aula de reforço, de maneira que se pudesse acompanhar o movimento que se suporia mais extenso.

Gerações anteriores, especialmente até a Geração X, seja a dos filhos dos anos 1950, seja a dos anos 1970, ainda tinham alguma percepção do esforço. Não havia tantas tecnologias facilitadoras e as existentes não eram tão acessadas pelo conjunto da população, por conta de uma menor condição econômica. A disponibilização maior de recursos de naturezas diversas provocou uma diminuição da prática do esforço no cotidiano.

Exemplo: algumas tarefas eram partilhadas na família. Numa casa, a ausência de um micro-ondas nos levava a fazer a comida todos os dias. Ajudar nas tarefas de casa fazia parte do caráter no dia a dia, arrumar o próprio quarto, fazer uma compra, descascar a batata. A facilitação hoje no mercado em relação a produtos prontos, aquilo que chamei de “miojização da vida”, afrouxou a nossa dedicação. Hoje não é incomum que alguém chegue aos 20 anos de idade sem nunca ter arrumado uma cama ou ajudado a lavar louça.

Nossa cultura, que foi escravocrata em grande medida, contribui para acentuar essa ligação do trabalho manual com tarefa de menor valor. Essa geração que está na Escola é a sexta desde a abolição da escravatura formal no Brasil. Isso significa que ela é muito recente em termos de memória. E se considerarmos que a discriminação e o preconceito são fortes também, isso contribui mais ainda para esse quadro.

O primeiro sinal de que se está melhorando de vida é libertar-se de atividades domésticas — não precisar lavar nem passar roupa, nem cozinhar, nem limpar. E essa onda veio com uma facilitação do mundo da tecnologia em relação a essas tarefas. As gerações Y e Z vêm, nos últimos 20 anos, com uma facilitação ainda maior, que faz parte da cultura brasileira. Não faz parte de outras culturas, na norte-americana ou na europeia, o menino pode ser filho do presidente da empresa, ele tem de retirar neve da porta, ajudar a limpar a garagem, aparar a grama do jardim, e a família partilha a louça do cotidiano, mesmo com máquina para isso.

Houve um afrouxamento da disciplina no duplo sentido da palavra. A disciplina como conduta e como esforço.

A disciplina como conduta afrouxou na medida em que quase não há uma convivência de crianças e jovens com os seus responsáveis adultos. A primeira ferramenta humana disciplinadora no contato cotidiano vem sendo o docente. Esse afrouxamento da disciplina como conduta, como comportamento, veio também com o aumento das metrópoles, com mais tempo de deslocamento de adultos, com trabalho mais intenso e com a digitalização do trabalho que leva a pessoa, dependendo da camada social, a continuar as atividades profissionais em casa, ao ter de checar *e-mail*, responder a mensagens, ficar o tempo todo à disposição.

A disciplina como esforço é mais complicada ainda, porque se trabalhou a ideia de que se deveria poupar as crianças e os jovens de atividades intensas. Há um exagero que leva a confundir crescer com sofrer, esforço com sofrimento. Esse afrouxamento impacta muito em sala de aula. O ambiente fica bastante conflituoso, desconfortável.

Famílias se perdem nisso, de tal forma que vem sendo comum pais e mães, nas escolas privadas em maior quantidade, embora na pública também, irem tirar satisfação porque o filho recebeu nota baixa, porque foi advertido por não fazer a tarefa. Como se na organização do trabalho escolar exigir esforço e disciplina fosse uma ofensa.

Essa percepção de que é preciso poupar os filhos tem razões de natureza psicológica por parte de pais e mães, de natureza sociológica, numa comunidade que passou a ter mais condições de meios de vida, mas ela tem também um modo de compreensão que entra no campo da pedagogia, que é supor que crianças e jovens precisam ser poupados de alguns esforços. E isso não é verdade.

Há uma clássica frase dos nossos avós que contém certa crueldade: "Se o seu filho não chora hoje, chora você mais tarde". Claro que aí está embutida a ideia da violência física, não é disso que estou falando. Mas da necessidade de evitar a formação de um caráter tíbio, de uma personalidade pusilânime, que seja frouxa, que entenda o tempo todo que desejos são direitos: "Eu quero, você tem de me dar...", isso produz um impacto bastante negativo nas relações.

Há ainda uma quarta parte, na qual tenho alguma reponsabilidade como gestor público que fui, que foram as políticas de organização do trabalho por ciclos, com a retirada da seriação em algumas sistemáticas de avaliação. Na gestão em que eu estive como secretário, durante um ano, foi por ciclos. O governo seguinte fez uma modificação, e a Lei de Diretrizes e Bases de 1996 colocou dois ciclos naquilo que tínhamos estabelecido na cidade de São Paulo como três. A

Progressão Continuada, que é uma ideia altamente louvável e necessária, no modo como foi introduzida em várias redes, em vez da dificultação da reprovação "burra", gerou a facilitação da aprovação.

Esse caldo — políticas de progressão continuada para impedir a evasão inútil, com uma sociedade que diminuiu a capacidade de esforço das gerações mais jovens, mais as facilitações trazidas pela tecnologia — gerou uma estrutura de frouxidão, que deixou o pessoal sem ganas de "pegar no breu".

O que fazer para mudar esse quadro?

Em primeiro lugar, é preciso que se faça uma parceria entre as famílias e a escola, seja pública ou privada. Uma sugestão é que se organize com insistência (pois não e fácil) encontros de pais e professores para trazer esse tema ao debate. Não é só disciplina de conduta, é também disciplina de estudo: o número de horas dedicadas a fazer a tarefa, a necessidade de o pai ou mãe utilizar pelo menos 15 minutos do dia para checar se o filho fez a tarefa, discutir o trabalho metódico, afinal, todo o trabalho organizado permite o uso mais inteligente do tempo disponível.

A Escola precisa trazer a comunidade de responsáveis para dentro a fim de pensar esse tema.

Em segundo lugar, tem de ser um projeto pedagógico da Escola, não de apenas um professor, isoladamente. Porque se é um professor ou outro que não aceita a não execução da tarefa, que exige atenção durante a explicação, que dificulta o uso de aparelhos eletrônicos em sala de aula fora das consultas permitidas, ele perde força. Não basta que o professor diga "não entre em sala quem não fez a tarefa, conforme foi combinado". Se ele fizer isso, vai liberar os pais ausentes da discussão. Se mandar o aluno para a coordenação pedagógica, pode ser tachado de muito rígido ou criar um problema em relação ao que fazer com a criança naquele horário. Se soltar no pátio, gera perturbação, isso tudo cria uma lógica antipedagógica. Mas, se for um projeto pedagógico da Escola, ele ganha um ar de robustez maior.

Nenhum docente sozinho enfrentará essa questão, ele terá de discutir com a coordenação, com a direção e ser uma força-tarefa que não perca essa geração. Só a Escola também não dará conta, tem de ser a comunidade que a divida: alunos, professores, funcionários e pais. Nesse sentido, não é um enfrentamento belicoso, mas a aceitação do conflito para que se chegue a algo benéfico.

A experiência pedagógica tem de ser algo admirável. Nós temos de erotizar a sala de aula. Quando eu era menino, a aula era para mim objeto de desejo. Inclusive porque a dona Mercedes, professora do primário para mim, era a única fonte de conhecimento que eu tinha, ela sabia coisas inacreditáveis, o nome dos rios, das capitais dos países, eu ia para a escola todos os dias com um desejo imenso. Claro que hoje encontramos essas informações em várias fontes. Mas é preciso erotizar a sala de aula como local de desejo, como local de partilha.

O professor tem de ser formado nessa direção, é necessário que ele parta do já sabido para chegar ao não sabido, que ele crie uma ambiência de partilha de saberes, em que não só o docente apareça como o detentor do conhecimento, mas também que essa condição jamais se estabeleça sem dedicação e esforço.

Eu fico muito chateado quando, ao final de uma aula ou de uma palestra, alguém diz: "O senhor tem o dom da palavra". Porque isso soa como um demérito, parece que não fiz esforço algum, nasci pronto e os deuses me escolheram para fazer o que faço de maneira automática, quando existe toda uma lógica de esforço nisso.

Eu gosto sempre de lembrar uma história que tem muito a ver comigo, do pianista Arthur Moreira Lima. Certa vez, ele terminou uma apresentação e um jovem de aproximadamente 20 anos se aproximou e falou: "Gostei muito do concerto, eu daria a vida para tocar como o senhor". Ele disse: "Eu dei". Foram 30 anos, 9 horas por dia, de estudos e ensaios.

Há ainda uma consequência séria que se anuncia no horizonte. Estamos aumentando o nosso tempo de vida, temos maior longevidade. A geração que está aí é que vai cuidar de nós. Se ela for "fraca de serviço", o cuidado que nós tivemos com os nossos pais, do ponto de vista de apoio econômico, afetivo, cuidados médicos, essa nova geração não dará conta. Inclusive porque a faixa de adultos que está agora na faixa dos 40, 50 anos cuida dos filhos e dos pais.

E essa geração que está sendo enfraquecida no empenho, no método, que desde agora, aos 14 anos de idade, acha que é um esforço muito grande e cruel arrumar um quarto, lavar uma louça, resumir um texto, fazer uma tarefa de matemática, escrever uma redação, não vai conseguir repetir o desempenho da geração anterior. Isso é um risco para os idosos e para o conjunto social.

CAPÍTULO 11

Filhos no Mundo, alunos na Escola

Há uma frase popular de que eu gosto muito: "O mundo que vamos deixar para os nossos filhos depende muito dos filhos que vamos deixar para esse mundo".

É uma questão de reciprocidade. Se eu formo os meus filhos numa direção, o mundo poderá também sê-lo deste modo.

Não é uma questão fatalista. Eu posso formar bem os meus filhos e eles podem fazer escolhas equivocadas. Assim como há pais que não foram bons, mas os filhos se tornaram boas pessoas, que desejam contribuir para um mundo mais harmonioso. O mundo é nossa obra, obra dos humanos. Se nós formos humanos maus, vamos ter uma obra que é má também.

Mas, insisto, não é uma questão de fatalidade. Muitas pessoas tiveram pais e mães que foram irresponsáveis, que não tiveram força amorosa e se tornaram homens e mulheres que conseguiram se firmar numa sociedade sadia. E com outros aconteceu o contrário. É óbvio que Adolf Hitler teve mãe e pai. Torturadores têm mãe e pai. É evidente que aquele que pratica latrocínio não é fruto de geração espontânea. Pode ser que ele não tenha tido alternativa e não há a liberdade de que falamos. Mas, se ele teve opção e fez a escolha errada, não necessariamente os pais estimularam essa conduta.

Qual é a situação em que o pai e a mãe nunca desistem? Quando têm a amorosidade em ver que o outro ainda quer aquela alternativa que está sendo oferecida. Esse princípio, esse valor de que o mundo resulta do modo como nós construímos a vida com as nossas gerações, é uma frase forte que não carrega fatalidade, mas uma advertência.

É vigorosa a ideia de que a família é uma unidade afetiva. É um espaço onde a vida precisa fluir em abundância. Mas, por ser um lugar de amor, é um lugar também de exigência e de responsabilidade.

Sempre que amo alguém e nada dele exijo, eu o subestimo. Todas as vezes que amo alguém e, ao mesmo tempo, não o levo em conta, eu o subestimo. Todas as vezes que exijo sem amor, evidentemente, eu o agrido, ofendo, porque estou numa relação unilateral.

Vida, especialmente em família, é reciprocidade. É uma via de mão dupla. O que é um amor exigente, no meu ponto de vista? Não é um amor implacável, não é um amor que oblitera, que escurece a reação do outro, a tal ponto que o afoga. Não é um amor também que exige para além do que o outro pode dar. Mas é um amor que respeita e que exige compromisso. O compromisso amoroso se coloca com a promessa de que as duas partes irão cumprir direitos e deveres. É um sinal, inclusive, de maturidade.

O grande pensador alemão Erich Fromm tem uma frase de que eu gosto demais: "O amor imaturo diz: 'eu te amo porque eu preciso de você'. E o amor maduro diz: 'eu preciso de você porque eu te amo'".

Quando eu digo: "eu te amo porque eu preciso de você", o motivo do amor é a necessidade. Mas quando eu digo: "eu preciso de você porque eu te amo", o porquê é justamente o amor. O amor exigente é aquele que tem a amorosidade como ponto de partida, e não a necessidade em si.

E a exigência tem de aparecer também em outras circunstâncias. Por exemplo, a preguiça não é um vício, é um hábito. É preciso desabituar as pessoas daquele tipo de situação. "Eu estou com preguiça de estudar, de trabalhar, de varrer, de fazer uma tarefa, de cozinhar." Às vezes, ela, a inércia, a pasmaceira se instala. Mas quando a pessoa se habitua com a preguiça, ela continua. Nessa hora, é preciso exigência. Há dias em que estou preguiçoso, não quero levantar para dar aula, mas eu tenho de fazê-lo, é o senso de responsabilidade. E é isso que exige de mim mesmo que eu vá fazer aquilo que tenho de fazer, mesmo que a vontade seja de ficar ali deitado.

Algumas famílias vêm se omitindo em relação a essa questão. O que há nestes tempos é uma exagerada "terceirização" da formação a ser realizada na família. Pais e mães ou outros responsáveis, em função da maior requisição de tempo que o trabalho obriga, vêm-se desobrigando (por cansaço ou desatenção) da formação cívica, sexual, religiosa, ética, ecológica e deixando mais para a Escola (a quem já cabia carga adicional de formação científica) o encargo das novas gerações.

Insisto: só uma consistente e transparente parceria entre família e escola pode dar conta disso. É preciso que em ambas as dimensões haja humildade pedagógica para se saber que nem sempre, sozinho, se sabe o que fazer, tendo em vista a velocidade das mudanças e o distanciamento que algumas tecnologias acarretaram.

Pais ou outros adultos com valores fragilmente sustentados tendem a acomodar-se e, como consequência, responsabilizar mais as crianças e jovens por aquilo que é um desafio de qualquer geração.

Isso não nos exime da tarefa de entender algumas características da geração atual de jovens. Há quem julgue que tenha uma inclinação maior para as questões ecológicas. Ainda não acho que essa geração tenha uma consciência ambiental mais forte, muitas vezes se observa que a questão da proteção ambiental é tratada como um sistema da moda, inclusive porque boa parte do que ela consome é muito pouco ecológico. Ela não recusa uma pilha que venha numa embalagem contendo mais plástico do que produto. Talvez ela tenha certa sedução por algumas práticas de ecologia, mas não obrigatoriamente. Ainda não acho que essa consciência seja mais ecológica, ela vem tendo um discurso mais forte por parte de alguns adultos, haja vista que, no campo da política partidária, a questão ecológica é levantada por pessoas com mais de 50 anos.

A geração atual, assim como as anteriores, guarda contradições. Demonstra mais abertura em relação a algumas situações, mas é a geração que mais praticou *bullying* na história, inclusive porque é a que tem mais ferramentas para fazê-lo. Quando eu era criança, poderia até brincar com alguém, mas havia certo receio em magoar as pessoas. Hoje a mágoa é institucionalizada, porque há instrumentos para fazê-lo.

Eu creio que esta geração é mais compreensiva em relação a alguns padrões de conduta. Em relação à orientação sexual, à prática religiosa, ao tipo de vestimenta, mas pode ser fundamentalista em vários momentos. O fundamentalismo, seja *black bloc*, *punk* ou *heavy metal*, nasce de uma energia que não está ligada ao mundo adulto. A geração dos pais desta que está aí era a do "paz e amor". Esse lema é considerado hoje ingênuo ou desnecessário.

Não tenho uma visão maléfica em relação às novas gerações, que vêm com uma série de grandes possibilidades, mas não quero ser omisso nem complacente.

É admirável. por exemplo, que a nova geração deseje trabalho com sentido. Ela quer que a vida tenha sentido, não quer desperdiçá-la. Mas ela tem um canal equivocado para isso, que é uma expressão perigosa, que é "eu quero fazer o que eu gosto". Mas se esquece que, para fazer o que se gosta, é preciso fazer o que não se gosta por determinado tempo. Por isso, hoje vemos menos gente malhando e mais gente recorrendo a cirurgias ou anabolizantes. Há menos gente no caminho e mais gente procurando atalho.

Claro que a expressão "quero uma vida com propósito" é belíssima, "quero um emprego em que eu me sinta bem" é um desejo legítimo. Mas ninguém, em sã consciência, pode supor que vá fazer somente o que quer.

Eu adoro ser professor, adoro dar aula, mas não gosto de corrigir prova e não conheço ninguém que goste. E eu o faço, num domingo à tarde, com sol e a família fora. Posso eu sonhar em ser um professor que só dê aula e que alguém corrija as provas por mim? Posso. Mas vou perder um pedaço do trabalho pedagógico. Se eu não leio a avaliação dos alunos, fico sem clareza em relação a como estou ensinando e como eles estão aprendendo. Esse atalho de passar para outra pessoa não funcionaria. Para escrever 21 livros, eu tive de ler pelo menos 10 mil livros. Estou há 58 anos na Escola — fazendo tarefa, dando aula, estudando.

O que quero dizer com isso? Não quero desqualificar esta geração, que é mais aberta em relação a algumas ideias, mas vem mais apta ao fundamentalismo também. Ela é mais sectária em algumas posturas. Ela é tão aberta a ideias novas que até uma ideia como o nazismo não é descartável. Ela é absolutamente flexível, mas na fronteira de ser volúvel.

Um professor, por exemplo, precisa cuidado na seleção de conteúdo. Ele não vai exercer censura, mas precisa fazer seleção. Porque todo conteúdo é seleção quando se está ensinando. Na minha área, de Filosofia, a depender da faixa etária, eu preciso escolher com cuidado o autor que vou ensinar. Algumas pessoas são levianas e, logo no primeiro ano do ensino médio, entram com Nietzsche, Schopenhauer, autores que fizeram algo decisivo na história do pensamento, que foi balançar os totalitarismos mentais, o pensamento único, a monotonia intelectual, mas que se caem no colo de alguém com 15, 16 anos de idade, que está em ebulição, com uma série de indefinições em relação ao seu próprio desenho, fazendo o seu rascunho, é necessário lembrar que esse pensamento pode conduzir a uma vertente que não necessariamente é benéfica. É uma geração mais aberta ao diferente. Mas é tão aberta que pode acolher a intolerância.

Entre aqueles que têm matado, agredido, brutalizado homens e mulheres homossexuais, não se encontram tantas pessoas com mais idade. Normalmente têm sido jovens. Não são velhos nazistas os autores de movimentos mais violentos atualmente.

A Escola precisa ficar atenta porque este paradigma não é contraditório, ele é simultâneo. O mesmo jovem que é capaz de abrir a cabeça para uma diversidade cultural, étnica, de orientação religiosa, também é mais afável à sedução do totalitarismo. Tanto que uma parte é monolítica na escolha: se veste do mesmo jeito, consome o mesmo produto, usa o mesmo tênis, acolhe o mesmo tipo de tatuagem, coloca o *piercing* no mesmo lugar e, quando o corpo está repleto de sinais de diferenciação, ele está igual a todos os outros.

Essa simultaneidade de possibilidades é uma característica da pós-modernidade. Uma época de maior liberdade religiosa e um fundamentalismo violento. Uma época de maior aceitação de pessoas de orientação sexual diversa e o maior número de assassinatos praticados em sociedades onde há essa liberdade. E não estou me referindo à Rússia, ao Irã, mas a fatos que acontecem na avenida Paulista, em São Paulo.

Não há diferença de intenção entre o terrorista que jogou aviões nas torres gêmeas e aquele que apavora uma manifestação com o uso de bomba. É terror, não é desobediência civil, no sentido em que a Constituição, em que as democracias contemporâneas admitem como um direito.

Isso a Escola não pode de maneira nenhuma incensar. Isso não pode ser admirável.

Jovens são admiráveis em várias coisas e execráveis em outras. Adultos também e, como estamos falando desta geração que está em formação, cabe a nós, da docência, prestar atenção nas características da discência.

É necessário que observemos com atenção esse movimento concomitante e autofágico, em que a geração jovem abre os braços, mas também fecha os punhos com facilidade.

CAPÍTULO 12

Valores ensinados e a "turma do Bem"

A ideia de valores é o que dá sustentação na nossa capacidade de vida coletiva, é aquilo que faz com que a vida não perca o sentido, que faz com que ela tenha valor, ou seja, que tenha validade. Há valores que são fundamentais, enquanto outros são essenciais. A possibilidade de cooperação e a noção de cidadania são valores essenciais.

Ora, não é tarefa da Escola nem da família fazer isto isoladamente, porque um projeto educativo é coletivo e não individual. Ele se realiza a partir de uma relação de parceria entre a Escola e a família.

A Escola cuida da escolarização, que é um pedaço dentro de Educação. Por isso, não dá para pai, mãe, terceirizar o trabalho de Educação. Nós fazemos escolarização. Já existe *personal trainer*, *personal stylist*, agora alguns querem fazer *personal father*, *personal mother*. Não dá. Nós fazemos escolarização. Queremos a ajuda de pais e mães.

Uma Escola que busca isso isoladamente não terá sucesso, uma família que busque fazê-lo assim também não o terá. A criança não está o tempo todo na Escola nem com a família. Isso exige uma parceria estratégica, com o envolvimento da família no projeto pedagógico com a Escola.

Não é o projeto pedagógica "da Escola", é "com a Escola". Isso significa que a Escola também precisa formar Escola de pais. Algumas já o fazem e isso exige romper uma tradição negativa na sociedade brasileira, que é a não presença e não participação da família na estrutura escolar, como se Escola fosse um local onde as crianças são depositadas em determinado momento e retiradas depois de formadas.

Hoje isso não faz mais sentido. Existe a necessidade de Escola e Família se colocarem de braços dados nessa tarefa. Não se educa uma criança, um jovem ou um adolescente nem se é educado por eles de forma isolada. Valores são, portanto, uma tarefa escolar, assim como uma tarefa familiar. A criança é a mesma, então é nela que é preciso pensar, como o ponto de contato entre a Escola e a família.

Trabalhar com valores também não é algo que se deva aguardar determinada idade do aluno para fazê-lo, pois se trata de uma parte constitutiva no processo de formação.

Os valores não devem ser trabalhados como componente curricular, porque não se pode circunscrever e aprisionar algo essencial. Valores não devem ser uma disciplina, mas precisam ser conteúdo curricular, pois são passados adiante, mesmo que não haja uma disciplina com esse nome, nem que sejam intencionalmente colocados tanto valores positivos quanto valores destrutivos.

Por exemplo, todo o nazismo de 1937 a 1945 construiu-se fundamentalmente sobre as escolas, a partir das crianças. Quando o poder nazista emergiu na Alemanha dos anos 1930 e 1940, o exército alemão não necessariamente era nazista, portanto, não sustentaria aquela ideologia. Ele era um exército regulamentar e, dentro das razões militares (com as quais eu não concordo), obedeceram àquela lógica. Mas o nazismo se construiu mesmo com a juventude nazista, com a convicção de valores nazistas dentro da sociedade alemã.

Isso aconteceu na Escola alemã e nela não havia uma disciplina chamada "nazismo". Entretanto, ensinava-se nazismo ao ensinar Biologia, ao ensinar Matemática, ao ensinar língua alemã e ao ensinar História. Os valores se transportam exatamente na relação de convivência e comunicação.

A grande questão, portanto, não é se nós ensinamos ou não os valores na Escola, mas quais são os valores que ensinamos nela.

Por conta da demanda dos pais e do mundo adulto, às vezes, a Escola se torna utilitarista, perde o foco da formação e se canaliza para a área de instrução. Embora a instrução faça parte da formação, ela tem um objetivo direto, fazer com que alguém fique apto a fazer determinada coisa. O que é diferente de formação, em que se constrói um conjunto de atitudes e habilidades.

No âmbito do ensino privado é mais usual que a família, especialmente na segunda parte do Fundamental e do Médio, demande que a Escola forme um competidor para disputar o ingresso na universidade e uma vaga no mercado de trabalho. Algumas escolas, que entendem Educação como comércio, acedem a essa percepção de maneira tranquila, como regra de mercado. Outras não o fazem.

Eu respeito algumas Escolas que são muito boas no campo privado, que entendem que poderão oferecer uma formação de cidadania, de base científica, de solidariedade, sem que descuide do objetivo que pode ser imediato, mas não único ou exclusivo. Algumas Escolas privadas organizam a grade curricular de modo que o jovem, no segundo e no terceiro anos do Ensino Médio, tenha uma formação mais geral e, no contraturno, possa ter um apoio para aquilo que seria o objetivo do velho vestibular — concurso que tende a sair mais do circuito, porque a utilização do Enem vai mudar um pouco essa face.

Várias escolas estão preparando para o Enem, que retoma a não compartimentalização que foi feita da pura informação, essa é uma das lógicas boas que ele carrega. Mas resta uma segunda questão: seja na Escola pública seja na Escola privada (mais nesta, que não funciona prioritariamente como rede, é remunerada diretamente, não por meio de tributos), o pai diz: "Quero que meu filho seja um vencedor".

E a ideia de vencedor é ter sucesso. E ter sucesso é ultrapassar as outras pessoas e chegar em primeiro lugar. E, portanto, ser capaz de disputar, em vez de cooperar. Essa é uma escolha que a família pode fazer, tal como algumas fazem em relação a outras atividades. Algumas colocam o filho na capoeira, que é a mistura de esporte com dança, que não tem violência como objetivo, outras colocam o menino desde pequeno para fazer lutas no estilo vale-tudo. O mesmo se aplica ao tipo de Escola pela qual se opta.

A Escola pública leva vantagem nesse aspecto, pois tem a percepção mais aguçada da formação da cidadania como seu objetivo e menos o mercado de trabalho. Nenhuma Escola inteligente pode obscurecer o mercado de trabalho, mas ela precisa tê-lo como referência e não como senhor. Ela tem de considerar o mercado de trabalho como uma das faces da formação integral, mas não como determinante. Inclusive porque alguns pais esquecem — e a Escola não pode esquecer — que essa formação para o mercado de trabalho significa no mundo atual um mercado volátil, em que a pessoa perde rapidamente aquela especialidade para a qual foi preparada. Mais do que um especialista, hoje é importante preparar um multigeneralista, isto é, alguém que tenha aquilo que o pensador alemão Karl Marx chamava, no século XIX, de "homem omnilateral", um conceito absolutamente necessário hoje. No latim, *omni* significa "o todo". A formação omnilateral é aquela que abre para um conjunto de valores e habilidades numa sociedade. Portanto, não esqueçamos que existe um mercado de trabalho, mas não nos submetamos a ele.

O mesmo princípio vale em relação à busca por competitividade. A Escola pode até formar alguém com esse espírito competitivo, mas deformará uma parcela dessa personalidade porque impedirá o desejo, que é cada vez mais forte, de constituir uma sociedade mais cooperativa do que competitiva. Alguma cabeça mais pragmática poderá retrucar: "Mas meu filho será um fraco?". Jamais. Não há essa experiência de alguém que não vencerá porque foi formado para ser mais aberto mentalmente e mais criativo.

Essa percepção pragmatista é mentalmente redutora. Eu não colocaria meu filho numa Escola que não ajudasse a entrar numa universidade, mas também não o colocaria numa Escola que só ajudasse a fazer isso.

Como digo sempre, a vida é maratona, não é uma prova de 100 metros rasos com barreira. Esse pragmatismo pode levar alguém a ser bem instruído, mas não necessariamente a ser mais educado, no sentido mais completo do termo.

Formar alguém para ser uma boa pessoa é uma tarefa que pais e mães bons querem. Formar uma boa pessoa não significa retirá-la do mundo em que a maldade também está presente. Mas é formar alguém que conviva com a possibilidade da maldade, sem por ela ser seduzido.

Eu convivi, nos anos 1970, numa geração que trazia à tona o consumo de droga sem criminalização, algo que se discute hoje novamente. No caso da minha geração, a droga era maconha. Eu não sou alguém que fuma maconha, mas em todas as turmas com as quais convivi havia o consumo. Por que eu não a consumi? Porque ela não era admirável para mim.

Quando se forma alguém para viver num mundo onde há a possibilidade de malefício, é preciso aclarar o malefício do malefício, em vez de deixar que o benefício do malefício seja admirado.

Existe um benefício no malefício. O poder. No caso da droga ou do álcool, o estado mental que deixa o consumidor mais leve. No caso da violência física, a sensação de vitória, esse é o benefício do malefício.

Esconder do meu filho ou do meu aluno o benefício do malefício é tentar enganá-lo. Eu fui fumante de cigarro durante 30 anos, é claro que sei o benefício do malefício. Ele me dava prazer, mas, no momento em que eu deixei de admirá-lo — porque o benefício do malefício era menor que o malefício do malefício — passei a recusá-lo.

O mundo dos maus também tem benefícios: a facilitação de acesso a alguns bens, a questão do controle, a autodefesa, mas os malefícios são superiores a isso.

Uma Escola, um docente junto com uma família precisam deixar isso claro. E uma das coisas a fazer é mostrar ao filho o quanto ele precisa de cautela para não se sentir superpoderoso porque não está na turma dos bons. Uma parte dos jovens, até por conta da idade, entre os 14 e 16 anos, tem uma ideia de superpoder muito grande. De ultrapotência. Ele acha, inclusive, que se domina. É mais ou menos como o povo adulto que costuma dizer "pode deixar, eu sei o que eu faço" ou "eu sei quando tenho de parar de beber", sendo que uma das coisas que o álcool retira, a partir de determinado momento, é justamente o veio crítico da decisão. Quando a pessoa tem de parar de beber? Quando disser essa frase: "Pode deixar, eu sei o que eu faço".

Eu tive na universidade um professor de Metodologia Científica, de quem depois fui assistente, Paulo Afonso Caruso Ronca, que trabalha especialmente com a questão da formação dos jovens e das famílias. Durante muito tempo, ele lidou com o tema do consumo de drogas ilegais. E propunha uma experiência com os jovens para mostrar o malefício do malefício, absolutamente admirável. Porque os jovens, assim como alguns adultos tolos, costumam dizer "pode deixar, eu sei me controlar". O professor Ronca distribuía cebolas e facas aos jovens no auditório e pedia que as descascassem. Quando eles começavam a chorar, o professor Ronca dizia:

— Pare.

— Mas eu não consigo.

— Mas você não falou que se controlava?

A ideia de formar para fazer parte da "turma do Bem" exige um esforço maior do que formar para fazer parte da "turma do Mal". Inclusive porque ser mau dá menos trabalho, pois está apoiado em algo que é quase da natureza de todo o ser vivo, a autopreservação — e, na sequência, no egoísmo, em vez de no altruísmo. Nós lutamos fortemente contra o egoísmo.

Sigmund Freud, considerado o pai da Psicanálise, levantou essa discussão, mostrando que a única possibilidade era a civilização. Isto é, organizar uma vida estruturada, metódica, regulada e convivente. Do contrário, nós nos mataríamos. "Cada um por si e Deus por todos."

Vale lembrar que, em qualquer sociedade, é sempre uma minoria que é malfeitora. O número de pessoas que degradam a convivência não chega a 10% daqueles que vão na direção oposta. Os que agem com gentileza, correção e contribuem para um convívio social saudável.

Logo, aderir a essa minoria é torná-la maioria inutilmente.

A docência decente é uma das maneiras de dificultar que a minoria maléfica sufoque a maioria benéfica.

CAPÍTULO 13

Ofício de compartilhar: aquilo que nos move

Queria trazer uma reflexão final a nós que atuamos em Educação Escolar. Porque educadores todos somos de algum modo: na família, na sociedade, no clube, no partido, no sindicato, na mídia, porque nos relacionamos com os outros. E como disse Paulo Freire: "Ninguém educa ninguém, ninguém se educa sozinho". Nós nos educamos vivendo em sociedade.

Muitos se dedicam à Educação Escolar, isto é, somos chamados profissionalmente de educadores. E a grande questão é: no que nós acreditamos? Por que estamos nesta atividade? Por que, em começos do século XXI, nós ainda achamos que é possível ser professor e professora e — mais ainda — que isso tem importância? Uma parte das pessoas acha que nós não trabalhamos. É comum um aluno perguntar: "Professor, o senhor não trabalha, só dá aula?".

Por que sermos professores e professoras no século XXI, em que a regra parece ser "tudo que o outro tiver de melhor, tome, e tudo o que você tiver de melhor, segure"? Nós vamos na direção oposta. Temos uma profissão que acredita que tudo o que temos de melhor — que é o nosso conhecimento — é para ser repartido, e tudo o que o outro tiver de melhor é para ser aprendido.

Aquilo que Paulo Freire chamava de sã loucura. Uma loucura sadia, que é fazer o que tem de ser feito e que seria um contrassenso fazer quando ninguém faz. Nós acreditamos numa coisa incrível: que gente foi feita para ser feliz e que esse é o nosso trabalho. Não é só nosso, mas é nosso também. Isso é loucura, porque nos dedicamos a isso por 10, 20, 30, 40 anos... E muitos, mesmo aposentados, voltam à atividade.

Isso é sã loucura. Ganha-se pouco, corre-se o dia inteiro, trabalha-se nos finais de semana. Às vezes, dependendo do lugar, se o educador fosse o dono do carrinho de cachorro-quente na porta da Escola, teria um rendimento financeiro maior. E, no entanto, continuamos nesse ofício.

Atrás de quê? De novo: nós achamos que gente foi feita para ser feliz. Que a vida tem de ser fértil, e este é o nosso modo de viver. Afinal, como disse um dia o grande gaúcho Aparício Torelly, que se apelidou de Barão de Itararé, "a única coisa que você leva da vida é a vida que você leva". Que vida levo eu? Que vida levas tu? A vida que se reparte.

Corremos, cansamos, mas ainda assim, somos uma profissão que ri. E adoramos nos encontrar. Estamos sempre brigando para ganhar um pouco mais, mas não desistimos. Quem ama não desiste. Quando começamos a desistir de algo é porque estamos deixando de amar, seja o trabalho, a família, a religião, o lazer. Mas quem ama não desiste. Porque é justamente a força amorosa que nos mantém firmes no nosso propósito. É claro que às vezes alguns começam a desistir, deixam de amar. Amar o quê? Salários menores? Correria contínua?

Nós somos uma profissão que começa a trabalhar cedo. Ficamos décadas e décadas entrando às 7 da manhã e saindo às 11 da noite. Com aula no colégio particular, no público, na universidade. Entramos às 7 da manhã (alguns chegam até antes para organizar as coisas), saímos às 11 da noite. Isso quando a situação não exige a nossa presença por mais tempo. Quando, por exemplo, o professor fica conversando com um aluno de 15 anos que está desesperado, contando que a namorada está grávida e ele não sabe o que fazer. E o professor fica até meia-noite, 1 da manhã, tentando impedir o desespero. E, às vezes, é a professora que está conversando com a menina, que está grávida, sem saber o que fazer.

Chega o feriado. Delícia, diriam alguns, Tem sexta, sábado e domingo para... corrigir prova, organizar material, preparar texto, arrumar aula, deixar diários em ordem. Sã loucura.

Para que tudo isso? Todos os dias, pensamos em largar essa vida. Nós somos uma profissão na qual todo mundo descansa junto e cansa junto. Como temos férias compulsórias na área do magistério, temos de entrar em férias e voltar ao trabalho todos ao mesmo tempo. Paramos para descansar em dezembro e voltamos no fim de janeiro. Todos descansados, mas, em abril, não aguentamos mais, todo mundo junto. É diferente de um banco, de uma fábrica, de uma loja, em que, entre 50 pessoas, sempre uns três ou quatro estão em férias. Quando voltam, estão animados. Nós voltamos juntos e começamos juntos. Então, a nossa renovação tem de vir em serviço. Nós nos apoiamos uns nos outros.

Por isso gostamos de reunião (especialmente se puder ser remunerada). Adoramos nos encontrar. Geralmente a nossa reunião demora uma hora e meia. Na primeira meia hora, nós ficamos falando mal de quem não veio. "Tá vendo, são sempre os mesmos, onde já se viu?..." Na segunda meia hora, ficamos falando bem de quem veio. "Mas nós estamos aqui para fazer isso." E na terceira meia hora, ficamos tentando achar horário para marcar outra reunião...

Nós gostamos de nos juntar. Tal como observou Vinicius de Moraes, "a vida é a arte do encontro". Nós somos animais gregários. O radical *greg* no indo-europeu, que deu origem ao latim, significa "rebanho". Gostamos de viver juntos. Por isso adoramos "congresso", "congregação", nos "agregar". Detestamos "segregar", que hoje chamam de excluir. A tal ponto que, quando chegamos ao limite com um aluno, quando já chamamos a família, a promotoria da infância, e a conclusão é de que ele tenha de sair daquela Escola, nós sofremos muito, porque não gostamos de segregar. Às vezes, a solução é tirar alguém do nosso circuito, mas não conseguimos dormir direito. Nós gostamos de agregar.

Significa que nós somos ótimos? Claro que não. Significa que nos dedicamos a uma coisa que é um pouco loucura.

Certa noite, por volta de 11 horas, o educador chega em casa, cansado, com fome, sem banho, e fala: "Eu vou largar isso. Para quê? Eu não quero mais, vou criar galinha, vender sanduíche natural, vender bijuteria..."

Esse sentimento acomete educadores de todos os níveis de ensino. Inclusive quem dá aula em Educação Infantil, de 1ª a 4ª série, que considero a área mais difícil da Educação. Imagine estar em uma sala com 20, 25 crianças, sendo cada uma delas uma bomba ambulante? O educador vai segurar uma aqui, a outra corre; ele vai atrás, a outra pula o muro; e nisso uma fura o olho da outra...

Às vezes, saindo para o intervalo, no caminho para a sala dos professores, a professora olha para trás e vê que uma criança ficou na sala. Está de cabeça baixa, quieta. O que a professora faz nesse momento? Porque a decisão na cabeça dela envolve "ou descanso um pouco ou vou atender alguém". Ela volta, põe a mão no ombro da criança.

— O que foi?

— Ah, não foi nada.

— Fala para mim.

— Nada.

— Conta para mim.

A minha mãe disse que meu pai foi viajar e vai demorar para voltar.

A professora capta a mensagem, segura a mão da criança e diz: "Vem comigo". Depois disso, aonde a professora for, a criança vai atrás. E o dia inteiro: "Tia, tia". A educadora se tornou o único lugar em que a criança ainda consegue ter esperança. É vida que não fica desértica ou estéril.

O educador se deita pensando no aluno com quem brigou, na menina que estava doente, na Escola que está com falta de material, na colega que não consegue mais dar aula porque está adoentada. E pensa: "Eu vou largar isso". No outro dia, 7 horas da manhã, está lá. E dá aula por décadas e décadas... Aposenta-se e volta. Atrás de quê? Salário? Trabalho? Não. Volta atrás do sonho.

O que isso tem a ver com Educação no século XXI? Tudo, porque é a nossa paixão. Se nós a perdermos, será uma pena para o século XXI e para nós, nos nossos sonhos, nas nossas ideias, nos nossos desejos.

É tudo isso acima que nos move! No campo da etimologia, motivação é aquilo que move alguém. O verbo *emovere*, em latim, significa "movimentar", "mexer", "tocar". E está ligado à palavra "emoção". O que me motiva é aquilo que me toca, que me emociona, portanto, aquilo que me afeta de alguma maneira. Pode ser inclusive de maneira negativa, para eu fugir, rejeitar, recusar. Ou pode me emocionar, me motivar de forma positiva para eu aderir, me comprometer, me tornar participante.

Por isso, um trabalho no qual eu encontre e deseje qualidade é aquele que me emociona positivamente. Há trabalhos — no sentido mais amplo do termo, que inclui empregos, atividades, ocupações — que acabam por motivar negativamente e a isso chamamos de desmotivação. Porque proporciona uma emoção ruim da qual se quer escapar. Um sintoma muito comum desse estado é quando a pessoa não quer levantar de manhã para trabalhar. Fica pensando em todas as desculpas possíveis ou até desejando que haja algum problema que a impeça de chegar àquele lugar. Estar motivado, portanto, é ser sensibilizado, tocado por algo. Ser for positivo, eleva. Se for negativo, o desejo é de escapar daquela situação.

Por esse ponto de vista, só existe a automotivação. Aquilo que se convencionou chamar de motivação externa é muito mais um estímulo do que, de fato, uma motivação. Quando digo, por exemplo, que estou torcendo por alguém numa atividade esportiva, não o estou motivando, mas o estimulando. Quem tem mesmo de suar a camisa é quem está ali, na prática. Se digo para um corredor: "Vamos lá, força!", eu o estou estimulando, fazendo com que ele pegue aquilo que tem e eleve na condição máxima. Mas, concretamente, só existe a automotivação.

Afinal de contas, se eu não encontro naquilo que faço energia positiva para continuar fazendo, não será alguém fora de mim que vai me oferecer esse tipo de impulso. Grandes motivações são grandes motivos.

Por isso, é preciso fazer uma distinção entre trabalho e emprego. Emprego é fonte de renda e trabalho é fonte de vida. Emprego é onde faço algo que me confere uma remuneração. Trabalho é aquilo que eu poderia fazer até de graça, e o faço como sentido de vida. Muitas pessoas encontram no emprego o trabalho que querem ter e, por isso, estão sempre motivadas para fazê-lo. Aquelas que não encontram essa conexão vivem dizendo: "Ah, se eu pudesse, sumia daqui", "no dia que der, vou fazer o que eu quero", e assim criam uma condição negativa na relação com a atividade que exercem.

Em Educação, essa distinção é necessária para que não se olhe a docência como mera atividade profissional. Ela é um modo de existir. Uma maneira de ser humano e não apenas de ser profissional. É um jeito de fazer com que a Vida tenha um sentido que não se esgote na mera aferição financeira.

Isso não significa desconsiderar, desqualificar, descartar que a atividade seja fonte de remuneração, mas não é isso o que está em sua essência.

Sem deixar de ser uma profissão, a atividade docente exige a percepção de propósito. As pessoas que têm a dificuldade de olhar a Educação Escolar como algo mais do que uma mera fonte de renda precisam deixar essa atividade. Pode-se dizer: "Mas e quem não pode deixá-la porque é a única que consegue fazer?". Nesse caso, é preciso tentar encontrar (consigo mesmo e com colegas) o que pode fazer desse ofício algo com sentido. Ainda que seja um momento transitório para algo que ele considere “melhor”, essa passagem precisa acontecer de maneira mais integral e, portanto, mais animada do que simplesmente entender esse ofício como um suplício pelo qual terá de passar por não ter “outra coisa para fazer”.

Não quero trazer a ideia de que a docência é uma vocação, no sentido clássico do termo, como um chamamento espiritual. Mas entendo que a Educação Escolar tem, sim, um autochamamento, um vocativo interno em que a pessoa se chama para uma atividade que tem essa natureza de repartir, de se preparar, de trabalhar o tempo todo com o futuro. Isto é, saber que nunca estará pronto. Quando me perguntam o que eu sou, digo que sou um maior aprendiz. Assim como tem o menor aprendiz, eu sou o maior aprendiz, isto é, alguém em formação contínua.

Será que existe vocação na atividade docente? No sentido que eu desejo, sim. A pessoa ouve um chamado — que não é metafísico, sobrenatural — e toma aquela atividade como uma missão de não acatar o apodrecimento da vida coletiva.

Estar em Educação Escolar é imaginar que as pessoas tenham o direito de ter condições para uma vida mais inteira, em que não se esgote a possibilidade de ser humano na mera existência material ou na mera sobrevivência biológica, portanto, um conceito que faz interface com a ética, que é a vida na sua melhor possibilidade.

Por que estamos nessa atividade? Há pessoas que são capazes de se emocionar com a vida, que não desistiram de existir de forma mais plena. Portanto, não desistiram também de serem educadores e educadoras.

Eu saí de Londrina, no Paraná, e fui para São Paulo, onde comecei a me encantar com a Educação. Mas houve um fator que contribuiu bastante para que eu adentrasse esse universo: fui criado entre livros. Na minha casa e na dos vizinhos havia livros. Era possível intercambiar e ir atrás de outras leituras. Um dia, decidi me tornar educador.

Decidi acreditar numa coisa inacreditável: que a vida pode e deve ser melhor para todos e todas. Comecei a acreditar em algo que os cristãos registram no seu Evangelho, que eu acho magnífico. Independentemente de se ter ou não alguma prática religiosa, há uma frase que pode traduzir a razão de muitos de nós sermos da área de Educação. No Evangelho de João, capítulo 10, versículo 10, está registrada uma fala atribuída a Jesus: "Quero que tenhais vida e vida em abundância". Essa, para mim, é uma das frases mais fortes da história. Não é minivida, menos-vida, subvida, não é vida pequena. É vida. E vida abundante. Vale observar também que a frase está no plural. Ele não disse: "Quero que você tenha vida e vida em abundância". A frase é: "Quero que tenhais vida e vida em abundância".

O que é vida abundante? É aquela que não diminui a dignidade da pessoa, que não reduz a vitalidade que ela tem, não a humilha pela falta de uma escolaridade boa, de um emprego que a honre, de uma saúde que a proteja. Vida em abundância é aquela em que a pessoa não é vitimada pela falta de esperança, pela falta de futuro. É aquela que impede que qualquer um de nós perca a capacidade de ser feliz.

Isso é falar de sonho. É falar da amorosidade da vida. Há pessoas que são capazes de se emocionar com a vida. Que não desistiram de existir de forma mais plena.

Portanto, não desistiram também de serem educadores e educadoras.

CONCLUSÃO

Seriedade, sim, e com alegria!

Muitos imaginam que devamos ter uma Educação que seja séria, o que, em grande parte, é verdade. Agora, é necessário não confundir seriedade com tristeza. Uma aula séria não é uma aula triste, mas uma aula que traz as pessoas para o mundo do encantamento, do prazer, do conhecimento, do convívio frutífero, da amorosidade coletiva. Isso certamente é uma aula séria. Ela precisa ter alegria, porque se não tiver esse elemento, distancia-se do prazer de existir com o outro, o que é algo essencial.

Muitas pessoas não se preocupam com o essencial, mas apenas com o fundamental. No meu livro *Qual é a tua obra?*,[1] aprofundo essa ideia: há uma diferença entre o essencial e o fundamental. O essencial é aquilo que não pode deixar de haver: a amorosidade, a convivência, a felicidade. Fundamental é aquilo que cria condições para que isso exista. Dinheiro é fundamental, não é essencial. A Escola é

1. Cortella, M. S. *Qual é a tua obra?* Inquietações propositivas sobre gestão, liderança e ética. 20. ed. Petrópolis: Vozes, 2011.

fundamental, não é essencial. O essencial é aquilo que faria falta em parte da existência. Amorosidade é essencial e não fundamental. A televisão é algo extremamente fundamental, mas não é essencial.

Ora, a Educação tem de lidar com essa capacidade de ir em busca do essencial e, nesse ponto, a alegria precisa ter força. Mas não se confunda a alegria com descompromisso. Uma aula para ser alegre não pode ser descompromissada, porque isso seria um sinal de perda de contato com o propósito da atividade. Mas jamais se pode supor uma sala de aula em que não haja lugar para a graça.

A finalidade da vida é ser mais cheia de graça. A palavra "graça" significa "protegido", "cuidado", "abençoado". É uma derivação do latim vinda do grego *caris*, de onde se tem "carismático", "carisma", "eucaristia". Eucaristia significa a boa graça, a boa proteção, porque "eu" em grego é "bom". Não é casual que os religiosos pratiquem a eucaristia com o nome de comunhão, de comum união, de estar junto.

A Educação tem de ser cheia de graça.

O que é uma Educação sem graça? É aquela que não produz a capacidade de ser essencial. Desse ponto de vista, a tarefa da Educação é tornar a vida mais engraçada, mais cheia de graça, porque ela não pode correr o risco de tornar-se desgraçada. "Oh, vida desgraçada", "oh, Escola desgraçada", "oh, país desgraçado", isso é ausência de graça, de proteção. Por isso a aula tem de ser gratificante, a tal ponto que, quando a terminamos, nós temos que sair agradecidos, cheios de graça mesmo, e ela precisa carregar uma gratuidade muito grande.

Nesse sentido, a graça precisa estar presente no nosso cotidiano. Aliás, há algumas décadas, quando havia o encontro de pessoas que não se conheciam, a pergunta era: "Qual é a sua graça?". E a pessoa dizia o nome. Mas isso é um conhecimento parcial, porque a sua graça não é só o nome, mas é o que você faz, que era a pergunta que vinha na sequência: "O que você faz?". Porque você engraça ou desgraça o mundo com a sua ação, não com o seu nome.

Muitas pessoas não percebem o lugar da graça, do engraçado. Mas, quando estamos com a possibilidade de sermos mais livres, o lúdico vem à tona com força. A emoção do jogo, não o jogo como disputa, mas como momento de graça. O jogo é sempre engraçado quando ele não é disputa, quando não envolve violência, quando não é a tentativa de confronto. Num jogo existe conflito, mas não pode haver confronto, senão ele não é um jogo, é uma disputa. Qual é a diferença entre conflito e confronto? Numa convivência há conflitos, isto é, divergências de posturas, de posições, de ideias. Confronto é a tentativa de anular o outro, é bater de frente. Num confronto, eu quero que o outro perca. No conflito, quero que os dois ganhem, que eu e o outro saiamos ilesos daquela situação.

Uma aula é cheia de conflitos, não pode ter confrontos. O principal confronto que pode aparecer numa sala de aula é a tristeza que paira sobre muitos que ali estão, sejam alunos ou professores. Uma parte deles desejava não estar ali, porque é um lugar sem graça, e outros não querendo estar ali, porque não conseguem engraçar aquele ambiente.

E o que se tem é uma comunidade desgraçada, infeliz, e o sinal de infelicidade é a tristeza. Às vezes, a sala de aula é meio sem graça e, quando o desgraçado supera o engraçado, não conseguimos conviver de maneira feliz.

A felicidade é resultado da capacidade de juntar-se ao engraçado. Gente engraçada faz bem, convivência engraçada faz bem, engraçado não é ridículo, engraçado é cheio de graça.

E eu vou ao ponto de partida nessa reflexão, uma aula tem de ser alegre para poder ser séria, uma aula que seja séria e não alegre não tem graça. Alegria não é ficar dando risada, é sentir-se bem, porque é uma oportunidade de estar pensando, refletindo, compartilhando, em última instância, vivendo.

Quando nos preocupamos sempre com essas questões, a juventude de qualquer idade se mantém, por sermos capazes de recomeçar, reinventar e fazer um fim que não estava ainda pleno no começo.

Quero terminar com uma frase de que gosto muito, de um ator francês do século XX, chamado Pierre Dac. A frase parece estranha num primeiro momento, mas ajuda a pensar: "O futuro é o passado em preparação".

A partir dessa sentença, a reflexão é: que passado nós queremos ter daqui a 20 ou 30 anos? Qual o passado que vamos deixar? Qual será o nosso legado em Educação Escolar? Qual será a nossa herança? O que estamos preparando de história?

Amorosidade, competência e alegria! Faz todo sentido para nós...